Couverture inférieure manquante

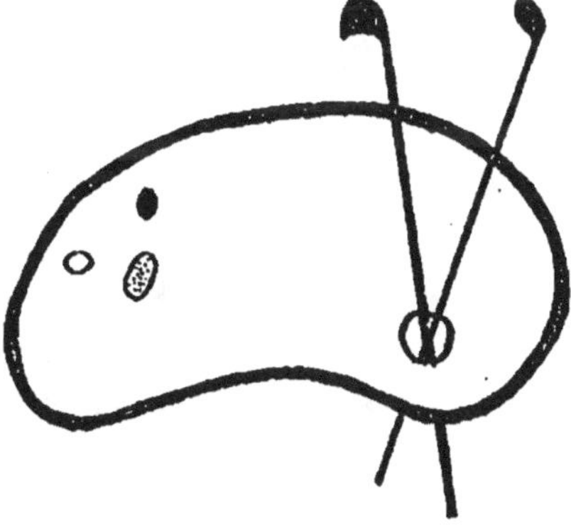

DEBUT D'UNE SERIE DE DOCUMENTS
EN COULEUR

PETIT PRÉCIS D'HISTOIRE DU BÉARN

EN 12 LEÇONS

Adapté aux Programmes officiels d'histoire nationale, à l'usage des Écoles primaires (C. M. & S.)

PAR

J. EYT

INSTITUTEUR,

MEMBRE FONDATEUR DE "L'ESCOLE GASTOU FÉBUS".

Prix : 50 centimes.

1re Édition — 1903.

PAU

STÉRÉOTYPIE GARET, RUE DES CORDELIERS, 11.

J. EMPÉRAUGER, IMPRIMEUR-ÉDITEUR

1903

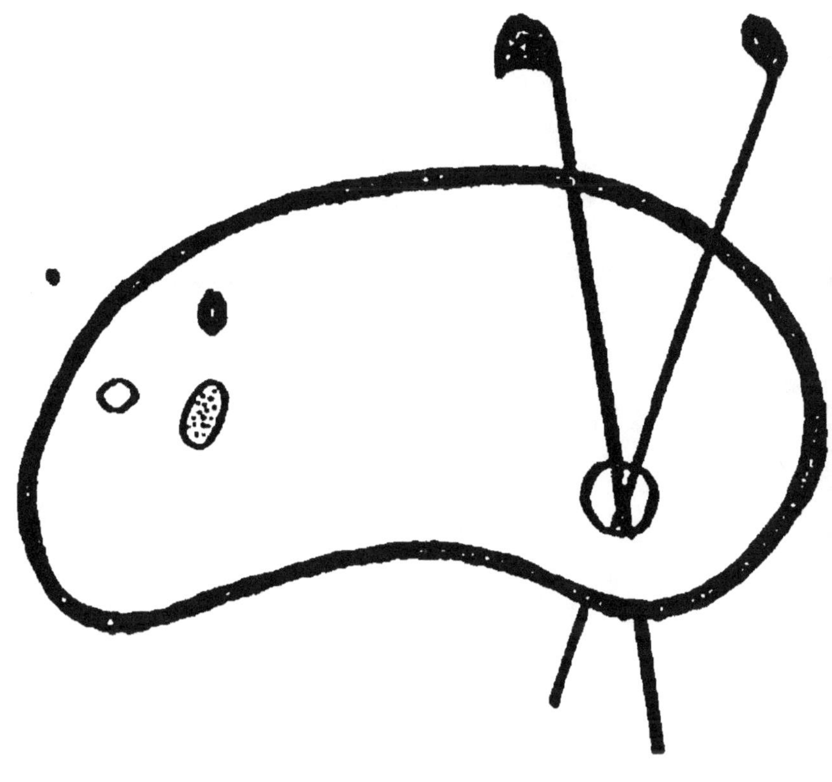

FIN D'UNE SERIE DE DOCUMENTS
EN COULEUR

PETIT PRÉCIS
D'HISTOIRE DU BÉARN
EN 12 LEÇONS

Adapté aux Programmes officiels d'histoire nationale, à l'usage des Écoles primaires (C. M. & S.)

PAR

J. EYT

INSTITUTEUR,
MEMBRE FONDATEUR DE L'ESCOLE " GASTOU FÉBUS ".

Prix : 50 centimes.
1re Édition — 1903.

PAU
IMPRIMERIE-STÉRÉOTYPIE GARET, RUE DES CORDELIERS, 11
J. EMPÉRAUGER, IMPRIMEUR-ÉDITEUR
1903

DU MÈME AUTEUR :

Prouseis e Batalis (prose et vers)......... **1 fr.**

Souscrire chez M. BYT, *à Auberlin.*

DÉCLARATION *(Mélodie)*, tirée de **Fleurs Sauvages**, Musique de M. J. DEVEUX, 2e Chef d'Orchestre au Palais d'Hiver.

En vente chez MM. CACHAU & BARADE, *à Pau*.. **1f50**

PRÉFACE — REMERCIEMENTS

Cette 1re édition du PETIT PRÉCIS D'HISTOIRE DU BÉARN sera complétée en cours d'année par la préparation des Lectures *indiquées à la fin de chaque leçon et des chapitres additionnels pour les maîtres :*

Chapitre VI. — *Notice très courte sur les Intendants de 1620 à 1790.*

Chapitre VII. — *Enfants illustres du Béarn ; grands hommes.*

Chapitre VIII. — *Langue et mœurs. — La Renaissance littéraire en Béarn et* " l'Escole Gastou Fébus ".

Je remercie très sincèrement tous les Collègues et amis qui m'ont, dès la première heure, encouragé par leurs adhésions personnelles ou collectives ; mais je suis particulièrement heureux de remercier **M. RISSON, Inspecteur primaire à Oloron,** *qui a bien voulu s'intéresser à mon travail et dont les indications m'ont été souvent utiles.*

J. EYT.

Aubertin, 20 Janvier 1903.

TABLE DES MATIÈRES

CHAPITRE Ier

Origine et débuts obscurs du Béarn.

CHAPITRE II

Le Béarn indépendant. — Moyen-âge.

CHAPITRE III

CHAPITRE IV

Maison de Foix. — Guerre de Cent ans.

CHAPITRE V

Temps modernes. — La Réforme. — Annexion du Béarn à la France (1620).

CHAPITRE Ier

Origine et débuts obscurs du Béarn.

1re LEÇON

ÉPOQUE GAULOISE ET ROMAINE. — LES INVASIONS

RÉSUMÉ. — **1.** Le *Béarn* faisait autrefois partie de l'ancienne Aquitaine. — **2.** Peuplé d'abord par des hommes de race asiatique (*Ligures*, puis *Gaulois*), il fut exploré par les *Phocéens* et *Phéniciens* de Marseille, soumis et civilisé par les *Romains* avec *Jules César*, dévasté par les *hordes barbares*, qui s'écoulèrent en Espagne (*Alains, Suèves* et *Vandales*) enfin dominé par les *Wisigoths* pendant un siècle (408-507).

LEÇON

L'*Histoire du Béarn* ne commence, à vrai dire, que dans les premières années du Xe siècle. Depuis 905 seulement, en effet, le Béarn eut des souverains propres, qu'on appela des *vicomtes* : ils se succédèrent presque sans interruption jusqu'à son annexion à la France en 1620 ; ils firent reconnaître son indépendance durant la deuxième moitié du XIe siècle, avec le vicomte **Centulle IV**, et ils surent toujours le maintenir libre de tout vasselage étranger.

L'origine du Béarn remonte bien loin cependant dans notre histoire nationale, car le nom de *Benearnus* (Lescar) se révèle déjà dans les débuts obscurs de l'ancienne Gaule.

Les *Celtes* l'ont habité jusque dans ses parties les plus reculées ; les pierres mégalithiques* de la *vallée d'Ossau* le prouvent d'une manière irréfutable. Les *Phocéens* et *Phéniciens* de Marseille l'ont exploré bien avant la conquête romaine : ils ont signalé leur passage par des traces d'exploitation de mines et de carrières, par de nombreux mots grecs introduits dans la langue de nos pères et surtout par des noms de villages, comme *Bizanos*, *Gelos*, *Morlaas*, *Arthez*, *Asasp*, *Goès*, etc., dont la terminaison indique assez l'origine.

A l'époque de la conquête des *Gaules* par les *Romains*, le Béarn était très peu étendu ; il faisait partie de l'*Aquitaine*, qui était limitée par la Garonne, les Pyrénées et l'Océan ; ses habitants formaient une espèce de petite confédération avec les peuples d'*Aspe*, d'*Oloron*, d'*Ossau*, de *Monein* et de *Taron*. Comme tous les peuples voisins des *Pyrénées*, les Béarnais étaient hostiles aux Romains : déjà, en effet, ils avaient secouru le fameux général carthaginois, **Annibal**, dans son expédition en Italie ; ils résistèrent avec toute l'Aquitaine à *Crassus*, lieutenant de *César*. Celui-ci se rendit en personne dans les Pyrénées et soumit tous ses habitants, à l'exception des *Vascons*, qui reculèrent au-delà des montagnes, pour rester indépendants.

Les traces du passage de **César** dans notre pays sont marquées par une inscription de son nom sur le rocher du pont d'*Escot* (Vallée d'Aspe) et par la construction de la *route d'Espagne*, taillée par endroits dans le roc et aboutissant à *Somport* (sommet du port ou défilé).

Vainqueur, l'habile général romain se montra généreux envers les *Aquitains*, tandis qu'il était implacable et féroce pour les *Gaulois* : il respecta leurs lois et leurs coutumes et accorda des places ou des honneurs aux plus influents d'entre eux. Il avait compt[illegible] combien ces peuples étaient naturellement fiers et il chercha à adoucir pour eux les rigueurs de sa domination.

Après lui, **Auguste** usa des mêmes ménagements pour leur religion : il diminua le nombre des monuments consacrés aux sacrifices humains, mais n'osa point les abolir. Il recula les limites de l'*Aquitaine* jusqu'à la Loire ; l'ancienne s'appellera bientôt la *Novempopulanie**, puis plus tard la *Vasconie* ou *Gascogne.*

Les *provinces pyrénéennes* furent donc sagement administrées, avec prudence et modération, par les Romains ; elles ne connurent guère les rigueurs de la conquête et de l'assujettissement ; aussi ne prirent-elles aucune part aux soulèvements dont la Gaule fut le théâtre. Elles prospérèrent et s'embellirent rapidement ; leurs principales villes furent reliées entre elles par des routes importantes appelées *voies romaines.* (Il y en eut une, par exemple, allant de Lescar par Tarbes à St-Bertrand-de-Comminges, Haute-Garonne.) Quelques-unes furent honorées du titre de *Cités romaines,* réservé en général à de véritables États ou tout au moins à de vastes agglomérations : de ce nombre furent *Beneharnum* (Lescar) et *Illuro* (Oloron), dès le IIe siècle. Les arts y brillèrent d'un vif éclat à l'époque des *Antonins**, durant le IIe siècle ; malheureusement presque tous les beaux ouvrages furent mutilés et disparurent complètement plus tard avec les *Barbares,* les *Sarrasins,* et surtout avec les pirates *Normands,* destructeurs féroces. Quelques traces et débris en ont été heureusement retrouvés sous terre, en divers lieux, particulièrement sous la forme de mosaïques. (Dans notre Béarn : à Bielle, Jurançon, Lescar, Taron.)

La religion chrétienne ne pénétra que très tard et insensiblement dans ces pays éloignés ; aussi les odieuses persécutions y furent-elles longtemps inconnues. Vers l'année 407 cependant, St-Julien fut nommé premier évêque de Beneharnum par l'évêque de Trèves, qui était alors la métropole* des Gaules.

Au commencement du ve siècle, les *Vandales*, les *Alains* et les *Suèves*, ravagèrent l'Aquitaine et la Novempopulanie ; les *Wisigoths* les dévastèrent après eux, puis s'y établirent et s'étendirent même en Espagne et en Septimanie *, sous *Ataulf*, successeur d'*Alaric Ier*. Leur domination dura de 408 à 507 ; elle fut signalée par de cruelles persécutions, surtout sous *Eurick*, prince arien, très ardent contre les chrétiens orthodoxes*, déjà fort nombreux dans ces contrées.

Alaric II, son successeur, se montra prince sage et tolérant. Sous son règne les catholiques jouirent d'une tranquillité relative. Il autorisa le concile* d'*Agde* (Hérault) auquel assistèrent tous les évêques de son royaume, à l'exclusion de ceux d'Espagne ; on cite parmi eux, *Galatoire*, évêque de Béarn et *Grat*, évêque d'Oloron. Alaric publia à *Aire* (Landes) un bréviaire des lois romaines, réunies en code sous l'empereur *Théodose II*, au ve siècle, et applicables aux *Gallo-Romains*, tandis que les Wisigoths étaient gouvernés d'après les lois gothiques.

En résumé, les Wisigoths administrèrent les contrées du midi de la Gaule avec une certaine modération : ils respectèrent et adoptèrent même les mœurs et les coutumes de leurs habitants; ils se livrèrent à l'agriculture et ramenèrent bientôt l'aisance dans ces pays désolés par les ravages successifs des Barbares et par l'abandon en friches de leurs terres.

Le Béarn était particulièrement sauvage et inculte à cette époque. Ses habitants portèrent longtemps le nom de *Vaccéens*, sans doute à cause du grand nombre de vaches qu'ils élevaient dans leurs montagnes. Peut-être prirent-ils plus tard deux vaches pour leurs armes, afin de symboliser leur vie de prédilection, la vie pastorale.

LECTURES

1° Monuments mégalithiques du Béarn. — 2° Travaux et monuments romains en Béarn.

2e LEÇON

ÉPOQUE NORMANDE ET FRANQUE. — VICOMTÉ DE BÉARN

RÉSUMÉ. — 1. Après la conquête de la Gaule par *Clovis*, le Béarn fut compris dans les partages entre ses fils et ses petits-fils. — 2. Il fit partie de la *Vasconie* française ou Gascogne, depuis le VIe siècle. — 3. Il fut traversé, puis occupé par les *Arabes*, qui se réfugièrent dans les profondes vallées pyrénéennes, après la défaite de *Poitiers*. — 4. Il fut érigé en *vicomté* par *Louis le Débonnaire* et résista aux invasions des *Normands* qui détruisirent *Oloron* et anéantirent Beneharnum.

LEÇON

Durant cette première période de notre histoire nationale les limites du Béarn sont mal définies ; son rôle est vague et obscur. « Membre illustre de l'Aquitaine », quoique tout petit, son histoire va rester quelque temps encore intimement liée à celle de cette vaste province, qui lutte énergiquement pour son indépendance pendant la domination franque.

Après la victoire de *Vouillé* (507), dans laquelle il tua **Alaric II** de sa propre main, **Clovis** s'empara de *Bordeaux* et de la *Novempopulanie*. *L'Aquitaine* entière fut saccagée par les Francs, mais elle devint cependant une province indépendante pendant près d'un siècle, après la mort de Clovis. En effet, ses *fils et ses petits-fils* passèrent leur vie à guerroyer les uns contre les autres, à se dévorer. Occupés par leurs luttes dans le Nord, ils abandonnèrent à eux-mêmes les pays du Sud de la Gaule ; ceux-ci en profitèrent pour se rendre indépendants, sous la conduite de leurs chefs propres.

Dans les partages entre les petits-fils de Clovis, le Béarn échut à **Chilpéric**, roi de Soissons, qui l'assigna, ainsi que la Bigorre à sa femme *Galsuinte*, comme dot du matin, selon la coutume des Goths.

Dagobert voulut soumettre à sa loi les populations du Midi et du Sud-Ouest de la Gaule, mais les *Vascons* lui résistèrent. Rentrés d'Espagne, où ils s'étaient réfugiés pour fuir la domination romaine, ils avaient petit à petit formé un État, qui comprenait les cités d'*Acqs* (Dax), *Ayre*, *Bayonne*, *Oloron et Beneharnum*, et qui s'appelait la *Vasconie française*. Ils résistèrent jusqu'au moment du mariage de **Caribert**, frère de Dagobert, avec la fille de leur duc, **Amandus**.

Après la mort de Caribert, la Vasconie voulut

reprendre son indépendance. Les ducs envoyés par le roi des Francs furent mal accueillis et maltraités. Dagobert dut se contenter d'un simple serment de fidélité.

Mais **Eudes** ou **Eudon**, petit-fils de Caribert, devint bientôt roi d'*Aquitaine* et duc de *Gascogne*, dès 681 : il fut probablement la souche des vicomtes béarnais. Il osa entrer en lutte avec **Charles Martel**, défendit seul son pays contre les *Sarrasins*, remporta sur eux une brillante victoire à *Toulouse*, vers 713, et les obligea à repasser en Espagne. Mais en 732 il ne put les arrêter ; ils étaient rentrés par *Ronceveaux*, les vallées de la *Bidouze* et d'*Aspe ;* ils saccagèrent *Oloron* et *Beneharnum*, pillèrent et incendièrent *Bordeaux*, après la défaite d'Eudes. Celui-ci appela alors à son secours Charles Martel, qui accourut · les *Arabes* furent vaincus et massacrés en grand nombre, à *Poitiers*, grâce à une ruse d'Eudes, qui tourna leur camp et menaça leurs trésors.

Eudes prêta serment de fidélité à Charles Martel et rentra dans ses États : il mourut en 735. Son fils **Hunald** lui succéda.

Les *Infidèles* reprirent lentement le chemin de l'Espagne, ravageant tout sur leur passage ; mais, traqués par les rois Francs et décimés par les populations vasconnes, ils se réfugièrent dans les profondes *vallées pyrénéennes*. Ils furent complètement exterminés à la bataille de *Lannes Maurines*, près d'Ossun (Hautes-Pyrénées) par les Bigourdans et les Béarnais, commandés par le guerrier *Missolin*.

Les populations pyrénéennes, composées de divers peuples, particulièrement de *Cantabres*, de *Navarrais* et de *Vascons* ou *Gascons* cherchèrent de nouveau à se rendre indépendantes : *Hunald* et *Valfre* résistèrent longtemps à *Pépin le Bref*, mais **Charlemagne** obligea les ducs de Vasconie à lui prêter serment de fidélité et il fit étrangler le duc d'Aquitaine **Loup**, qui avait contribué à la défaite de *Roland à Ronceveaux ;* il donna son royaume à *Louis*, son 3e fils, qui fut élevé à la mode gasconne à Toulouse.

Louis le Débonnaire fit déposséder et bannir du royaume en 819, **Loup-Centulle**, duc de Gascogne, mais il investit les fils du rebelle vaincu, **Donat-Loup** et **Centulle** du comté de Bigorre et de la vicomté de Béarn (Charte d'Alaon*, publiée en 845). Le Béarn se trouvait ainsi officiellement reconnu comme un État distinct dès 820, mais son histoire ne commencera cependant que vers 905.

De graves événements vont se dérouler dans notre pays jusqu'à cette date. Les ducs de Gascogne profitent des querelles de Louis le Débonnaire avec ses fils pour se rendre indépendants : ils refusent, ainsi que les *Bretons* et les *Septimaniens*, de prendre part à la bataille de *Fontanet*. **Charles le Chauve** veut soumettre et punir les rebelles : un affreux désordre règne alors en Aquitaine et dans toute la France. Pendant ce temps, les *Normands* dévastent à leur aise les côtes de l'ancienne Gaule : ils remontent le cours de ses fleuves et saccagent les villes, semant partout la ruine et la désolation. Leurs brigandages avaient surtout pour objectif les richesses des grandes cités épiscopales, les églises et les monastères.

En 841, *Bordeaux* leur résiste, mais elle est prise et pillée en 843, de même que *Saintes, Limoges, Périgueux, Bazas, Aire, Lectoure, Acqs, Tarbes, Oloron* et *Beneharnum*. Cette dernière fut entièrement anéantie (845) ; il ne resta de l'ancienne cité béarnaise nul vestige, nulle trace, nul indice (sinon une petite chapelle dans un bois), qui pût en marquer la véritable position géographique. On croit que *Lescar* a été bâtie sur son emplacement. *Morlaas* devint alors la capitale du Béarn.

Les Normands continuèrent leurs incursions dans les pays du Sud-Ouest, jusqu'au xe siècle, mais ils ne purent jamais s'y établir. Ils en furent définitivement chassés par les ducs de Cascogne, aidés de leurs vassaux, principalement des *vicomtes de Béarn*, que nous trouverons, à dater de cette époque, à l'avant-garde de toute entreprise chevaleresque, de toute idée d'humanité, de justice et de liberté.

LECTURES

1° Les Arabes en Béarn. — 2° Destruction d'Oloron et de Beneharnum.

TABLEAU GÉNÉALOGIQUE

DES

PRINCES D'AQUITAINE & DE GASCOGNE

ORIGINE MÉROVINGIENNE DES VICOMTES DE BÉARN

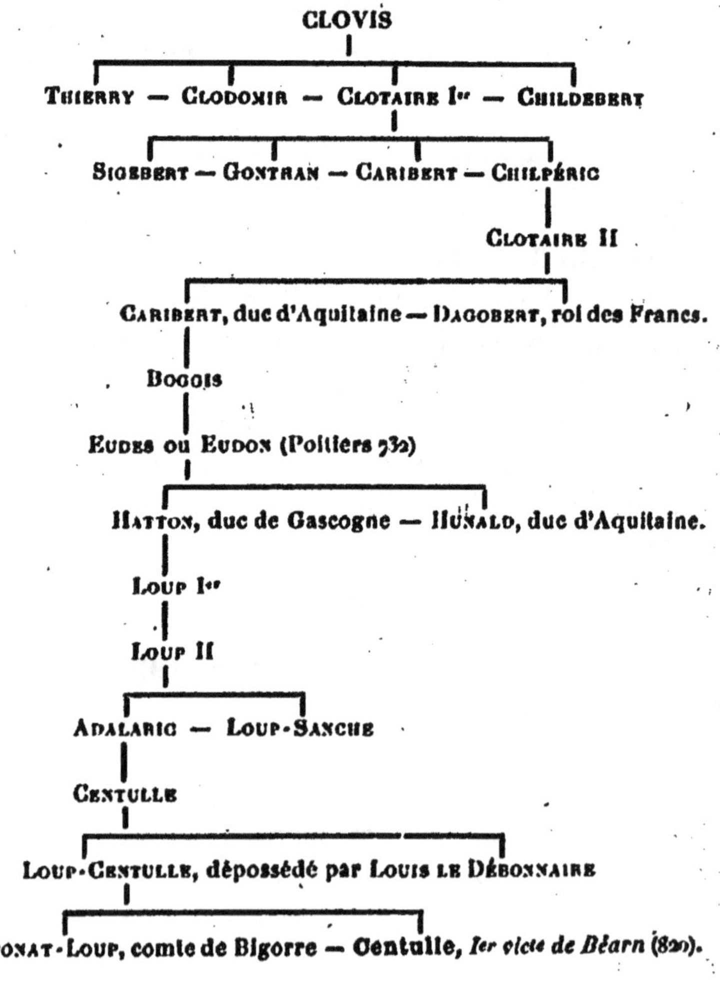

CHAPITRE II

Le Béarn indépendant. — Moyen-âge.

3e LEÇON

VICOMTES DE BÉARN. — MAISON DE FRANCE

RÉSUMÉ. — 1. Les *premiers vicomtes de Béarn* furent occupés à repousser les invasions toujours renaissantes des *Normands*. — 2. Ils aidèrent leurs Suzerains, les *ducs de Gascogne*, dans leurs guerres contre leurs ennemis, et obtinrent d'eux certaines cessions très importantes. — 3. Le vicomte *Centulle IV* fit définitivement reconnaître l'indépendance absolue du Béarn, qui fut déclaré terre franche, exempte de tout hommage. — 4. Les *vicomtes de Béarn* devinrent des princes souverains, traitant d'égal à égal avec les rois.

LEÇON

Le premier vicomte de Béarn, dont l'histoire soit bien connue, **Centulle Ier** *(905-940)* n'est évidemment pas le Centulle déjà cité et nommé vicomte par Louis le Débonnaire.

D'après *Marca*, il serait le 4me de ce nom, mais on ne sait rien de ses prédécesseurs, durant une période d'environ 80 ans, et l'histoire suivie des souverains du Béarn commence en réalité vers 905 avec un *Centulle*, que nous appellerons Ier comme la plupart des historiens.

Ce prince aida le roi de *Navarre* et d'*Aragon*, **Sanche Ier** contre les *Maures* et reçut, en récompense de ses services, la vallée de *Tène* touchant à la *vallée d'Ossau*, avec quelques revenus sur la ville de *Jaca* *.

Gaston Ier ou Gaston Centulle combattit les *Normands* avec son père et consacra ensuite son règne à réparer les maux des invasions ou à fortifier ses États contre les incursions dont ils étaient sans cesse l'objet.

Son frère, vassal de **Guillaume-Sanche,** duc de Gascogne, fut assassiné à Morlaas sur l'ordre de ce dernier. L'assassin *Loup Forton (gentilhomme de Serres-Morlaas)*, absous par le pape, s'enferma dans la chapelle de *St-Jean-Baptiste* (cachée au milieu d'une forêt), seul reste du *vieux Beneharnum.*

Guillaume repentant fit construire non loin de là, vers l'an 1000, après la dernière invasion normande, une magnifique église dédiée à *St-Julien,* rétablit l'évêché et le dota très largement. Une ville nouvelle surgit rapidement autour de cette église : c'est *Lescar. Le fils de Guillaume* sera enterré plus tard dans l'église de Lescar : sa statue équestre, plaquée en relief au mur de la sacristie, a été détruite à l'époque des guerres de religion.

Centulle II, *dit le Vieux (984-1004),* qui prit une grande part à l'expulsion définitive des Normands, pendant la terrible invasion de l'an 1000, **Gaston II** *(1004-1012)* et **Centulle III** *dit le Jeune (1012-1058)* couvrirent le pays de Béarn de fondations pieuses (églises et monastères), qu'ils comblaient de libéralités.

Centulle III aida le duc d'Aquitaine **Gui-Geoffroy,** *comte de Poitiers,* à recueillir la succession du duché de Gascogne, contre **Bernard d'Armagnac** et conquit ainsi sa puissante amitié.

Il fut assassiné par un gentilhomme *du Lavedan,*

en Bigorre, dans une *vallée de la Soule*, pendant une insurrection de ce pays.

Centulle IV *(1058-1088)*, son petit-fils, sut conserver l'amitié reconnaissante de *Gui-Geoffroy* et gagner celle toute fraternelle de son successeur, **Guillaume de Poitiers** ; il les aida dans plusieurs guerres et reçut en récompense la *vicomté d'Acqs, la presqu'île entre les deux gaves d'Oloron et de Pau, avec les pays d'Orthez et de Salies, le droit de suzeraineté sur la Vallée de la Soule* et enfin **l'affranchissement de tout vasselage.**

Le Béarn devint ainsi une terre libre et indépendante : il eut bientôt des lois spéciales, une justice propre et plus tard une monnaie particulière ; ses vicomtes furent des princes souverains. *Centulle IV* aurait pu prendre facilement le titre de *comte*, de *duc* ou de *roi :* il n'en fit rien, alliant ainsi la modestie à l'habileté.

Généreux et féal, ce prince possédait de grands talents politiques et législatifs. Il agrandit *Pau, Navarrenx, Ste-Marie et releva Oloron* détruite par les Normands ; il l'entoura de fortes murailles, la relia à *Ste-Marie*, par un pont et accorda à ses habitants de nombreux privilèges. Il fit construire l'église de *Ste-Foi de Morlaas* et rebâtit celle de *Ste-Croix d'Oloron*, brûlée par les Normands.

Centule IV avait épousé sa très proche parente, *Gisla*, dont il eut plusieurs enfants ; mais il s'en sépara sur les représentations du pape, *Grégoire VII*, qui déclara leur union illégitime. Il épousa plus tard la comtesse de la Bigorre, *Béatrix*, dont il eut un fils qui hérita de sa mère.

Vassal du *roi d'Aragon* pour la Bigorre et la vallée de Tène, le vaillant vicomte se rendit à un appel pressant de son suzerain. Il s'arrêta dans ses possessions aragonaises chez un de ses vassaux et fut tué par son hôte lui-même, qui s'enfuit parmi les Sarrasins (1088).

Comme son aïeul, le vrai premier souverain du Béarn, prince sage et courageux, périt sous les coups de l'astuce et de la trahison; son souvenir mérite d'être précieusement conservé dans les annales de notre pays.

LECTURES

1° Fondation de Lescar (Guillaume-Sanche). — 2° Miracle de Gisla, au monastère de Marcignac, à Cluny.

4e LEÇON

ÉPOQUE FÉODALE. — LA CHEVALERIE. — LES CROISADES

RÉSUMÉ. — 1. Avec *Gaston IV*, le Béarn fut sagement administré et il brilla au-dehors d'un très vif éclat. — 2. *Gaston* fit réunir les *fors particuliers* de ses États et promulgua le *for de Morlaas*. — 3. Il prit part à la *première Croisade*, où il se fit remarquer par son courage et son habileté. — 4. Ses successeurs gouvernèrent sans éclat; le dernier, la *vicomtesse Marie*, fit hommage de ses terres au *roi d'Aragon* et fut reniée des Béarnais, qui se déclarèrent indépendants et *libres de tout vasselage*. — 5. Elle fut remplacée par *deux gentilshommes*, qui périrent pour avoir *violé les fors*.

LEÇON

Gaston IV *le Grand ou le Croisé* (1088-1131), fils de *Centulle IV* et de sa première femme *Gisla*, succéda à son père dans la seigneurie de Béarn, tandis que *Centulle-Bernard*, fils de *Béatrix*, devenait comte de la Bigorre.

Noble et célèbre guerrier, prince chevaleresque, loyal envers ses vaincus, législateur habile, il a marqué son règne par des lois et des institutions paternelles ; son nom est impérissable dans l'histoire du Béarn ; *c'est une des plus belles figures de nos vicomtes.*

Durant les premières années de son règne, il s'adonna tout entier au sage gouvernement de ses États. Il fit réunir et mettre en ordre les lois particulières ou **fors**, consacrant les *privilèges et coutumes* des diverses parties de la vicomté. Le premier, il jura, avec sa femme *Télésa* et son fils, d'observer les fors, sur l'autel de l'église *Ste-Foi de Morlaas.* Ce serment sera publiquement prêté, après lui, par tous les souverains du Béarn.

Gaston IV fonda la cité d'*Orthez*, où il construisit l'*église de la Trinité* et fit élever le *fort de Mongiscard* sur la rive gauche, pour protéger sa noble cité.

Sous son règne, la France était encore agitée par les guerres féodales, déjà moins nombreuses cependant, depuis l'institution de la *Chevalerie ;* l'Europe était émue par les prédications des pèlerins de Jérusalem, qui apportaient aux chrétiens d'Occident les lamentations de leurs coreligionnaires d'Orient, outragés dans leur foi et menacés dans leur vie.

Les chevaliers français accoururent en masse à l'appel d'*Urbain II* à *Clermont* (1096). Gaston prit la croix et partit en *Palestine* avec *Raymond*, comte de Toulouse. Il se fit remarquer plus qu'aucun autre chevalier dans cette première croisade, particulièrement à *Nicée** et au siège d'*Antioche**, où il commandait un des bataillons de l'armée des croisés, avec *Tancrède de Sicile*. A Jérusalem, il dirigeait les machines de guerre et décida la victoire par une ruse. Humain autant qu'habile et courageux, il préserva d'un massacre certain les Infidèles fugitifs ou enfermés dans le *Temple*, en leur envoyant ses *étendards béarnais* (15 juillet 1099). A *Ascalon**, le 14 août, il causa la déroute complète des ennemis, avec son inséparable ami Tancrède; *les deux héros jurèrent de se retrouver en paradis.*

De retour dans ses terres, il couvrit le Béarn d'œuvres pieuses, avec l'aide de sa femme Talèse. Il fonda les monastères et couvents de *Ste-Christine* au-delà de Somport d'Urdos, de *Sauvelade* et d'*Aubertin*, ainsi que les hôpitaux de *Gabas* et de *Lescar*, destinés à recevoir les voyageurs et pèlerins qui se rendaient en Espagne. Il autorisa l'ordre de chanoines réguliers de St-Augustin à s'établir à Lescar, et le dota de dîmes très importantes, entre autres celle du pont du gave; il fit établir dans chaque commune des maisons de lépreux, placées sous la garde du clergé.

Il réunit définitivement au Béarn les vicomtés d'*Acqs et de Soule*, dont Centulle IV avait acquis la suzeraineté. En 1118, il alla secourir **Alphonse Ier** *le Batailleur, roi de Navarre et d'Aragon*, contre les Maures, qu'il chassa de *Saragosse*. Nommé seigneur de l'*Église Notre-Dame-du-Pilier*, il reçut aussi le titre de *Ricombre*, qui le rendait pair du roi et donnait à ses enfants le droit de prendre le titre d'*Infants*. Il aida encore Alphonse à s'emparer de *Tarragone** et de *Carthagène** puis à ravager les royaumes de *Valence**, *Murcie**, *Grenade* et d'Andalousie** : onze rois Maures furent défaits à *Aranjuel** par la vaillance de Gaston IV. En récompense, il obtint d'Alphonse quelques terres pour les gens de son armée dans le royaume de Pampelune, avec des fors, selon la coutume béarnaise.

En 1131, il fut traîtreusement tué par les Maures et enterré dans l'église de *Notre-Dame-del-Pilar* de Saragosse. Ses éperons et son cor de chasse ont été conservés comme de précieuses reliques; ils sont encore montrés aux grands jours de fête.

Gaston IV a été surnommé l'*Achille chrétien* : c'est assurément l'un des types les plus beaux et les plus remarquables parmi les nobles chevaliers du XIIe siècle.

Centulle V (1131-1134) son fils, alla combattre aussi les Maures. Il fut tué près de *Fraga** avec la plupart des chevaliers de son armée.

Pierre (1134-1154), était mineur à la mort de son père. Sa mère et sa sœur, veuve du comte de *Gabarret*, gouvernèrent à sa place. Dès sa majorité il passa en *Aragon*, prit part à la prise de *Lérida* et de Fraga*, puis mourut en 1154, laissant deux enfants en bas-âge, Gaston et Marie.

Gaston V (1154-1170) gouverna d'abord sous la tutelle de *Raymond, comte de Barcelone* et mourut sans enfants, après un règne sans éclat.

Marie, sa sœur, lui succéda, mais elle fut peu de temps vicomtesse. Elle mécontenta son peuple en faisant, pour elle et pour ses successeurs, hommage de ses terres à son cousin, *Alphonse II* d'Aragon, et en contractant l'engagement de ne pas se marier sans son consentement. Alphonse la maria bien vite, en effet, avec le *ricombre Guillaume*, comte de Moncade, d'une des plus nobles familles espagnoles (1170).

Les Béarnais se déclarèrent indépendants et choisirent pour vicomte, d'abord un seigneur de Bigorre, **Thibault**, descendant de Gaston IV, par *Centulle-Bernard*, puis un gentilhomme d'Auvergne **Sentonge**, qui furent dépêchés par ordre de la *Cour souveraine* et tués, le premier à Pau, et le deuxième sur le pont de *Sarrance*, aux confins de Béarn et de Soule, pour avoir violé les *fors* et refusé de s'y soumettre.

Ainsi s'est éteinte la première maison des vicomtes du Béarn *dite Maison de France ou Mérovingienne*, qui a duré environ 350 ans. Avec elle, le Béarn s'est détaché de la France, sa véritable patrie, pour se rapprocher de l'Aragon, son voisin, auquel l'unissaient de nombreuses alliances de leurs princes réciproques. Ses souverains ont su profiter de toutes les circonstances pour étendre leurs possessions et ils ont brillé d'un très vif éclat pendant les XIe et XIIe siècles; mais ils ont toujours respecté les franchises et les coutumes anciennes de leurs peuples et ils leur en ont même accordé de nouvelles très larges et très libérales.

LECTURE

Fondation des monastères de Ste-Christine et de Sauvelade.

5e LEÇON

MAISON OU DYNASTIE DE MONCADE (1173-1290)

RÉSUMÉ. — 1. *Gaston IV, le Bon*, fils de *Guillaume de Moncade* et de la vicomtesse *Marie*, fut un prince droit et puissant. — 2. Il prit part à la croisade des *Albigeois*, vit ses terres envahies par *Simon de Montfort* et fut excommunié par le pape. — 3. Son frère et successeur, *Guillaume-Raymond*, rédigea les fors particuliers aux vallées *d'Ossau, d'Aspe et de Barétous*; il ne put empêcher la création de la *Cour Majour*. — 4. Guillaume II, son fils, combattit les *Maures* en Espagne et périt à *Mayorque*. — 5. *Gaston VII*, d'abord allié du roi d'Angleterre contre *Saint-Louis*, batailla ensuite presque toute sa vie contre lui; il hérita de la *Bigorre*, agrandit ses États et les *délivra de tout vasselage étranger*.

LEÇON

Après les deux malheureux essais du chevalier de Bigorre et du gentilhomme d'Auvergne, les Béarnais envoyèrent deux prud'hommes vers un cavalier de Catalogne, dont ils avaient entendu vanter la valeur et les mérites, avec mission d'obtenir pour vicomte un de ses deux fils jumeaux. Ce seigneur catalan n'était autre, selon toute probabilité, que *Guillaume de Moncade*, l'époux de la vicomtesse *Marie*, reniée de ses sujets. La demande des Béarnais fut favorablement accueillie, et les envoyés rentrèrent en Béarn avec un tout jeune enfant, qui fut le vicomte **Gaston VI** : il régna de 1173 à 1215.

Dès sa majorité, à 16 ans, il fit hommage de ses terres à *Alphonse d'Aragon*; les Béarnais en furent fort indignés. Alphonse s'était emparé de la *Bigorre*, mais il la donna à Gaston, en le mariant avec sa cousine, la *comtesse Aimée*, sous condition de retour, s'ils n'avaient pas d'enfant mâle. Gaston soumit le comte de *Dax* et prit *Orthez*, dont il s'intitula le seigneur.

Sous son règne, l'hérésie des Albigeois était généralement professée dans le Midi de la France. Une véritable croisade fut prêchée contre eux et l'on vit alors le Nord de la France se ruer sur le Midi, pillant, massacrant et brûlant tout sans pitié. Les principaux chefs des hérétiques étaient le *marquis de Provence*, les *comtes de Toulouse, de Béziers, de Foix* et *de Comminges*, auxquels vint se joindre *Pierre d'Aragon*, qui entraîna *Gaston*, son vassal.

Simon de Montfort, vainqueur à *Muret*, envahit les terres du vicomte béarnais, comte de Bigorre, mais il les lui rendit bientôt après, sur l'ordre d'*Innocent III*, qui leva l'excommunication lancée contre lui. Gaston fit alors de grandes largesses à l'Église de *Ste-Croix-d'Oloron*. Il mourut en 1215, sans postérité.

Sa modération faite de fermeté, une parfaite égalité de caractère, qui le rendait juste et droit, lui ont valu le surnom bien mérité de *Bon*.

Son frère jumeau, **Guillaume-Raymond**, lui succéda en 1218, mais ne fut admis à prêter serment de fidélité aux fors qu'en 1220.

Les Béarnais s'avisèrent alors de créer une **Cour Majour** de 12 jurats* perpétuels pour eux et pour leur race. Cette Cour était destinée à servir de contrepoids à l'autorité souveraine du vicomte et à juger en dernier ressort les disputes parmi les habitants ou bien les différends entre le seigneur et ses sujets.

Les douze jurats nommés furent les seigneurs *de Navailles, d'Andoins, de Lescun, de Coarraze, de Gerderest, de Gayrosse, de Gabaston, de Rode*

(Arros), de Miossens, de Doumy, de Miramon et *de Mirapeix;* celui-ci fut bientôt déposé et remplacé par le seigneur de *Bidouze*. Les *évêques de Lescar et d'Oloron* en firent partie de droit.

Guillaume était un prince impétueux, violent et emporté; tout jeune, il avait tué son parent, *Béranger*, évêque de *Tarragone*. Excommunié, puis absous par le pape, après une pénitence publique, il fit un legs à l'*Hôpital et au Temple de Jérusalem*, ainsi qu'à l'*Église d'Auch;* le repentir fit de lui plus tard « *un prince digne du respect et de l'amour des Béarnais* ».

En 1221, il se rendit dans la *vallée d'Ossau*, pour pacifier le pays; il accorda des privilèges extraordinaires à ses habitants, qui étaient restés libres et indépendants jusqu'à l'extinction de leurs propres vicomtes, sous *Gaston IV*, *en 1101*. Il rédigea les fors particuliers aux trois vallées d'*Ossau*, d'*Aspe* et de *Barétous*. La première eut le droit d'élire ses *jurats* et elle devait fournir une *escorte** au vicomte; les deux autres lui devaient des *ôtages** dès son entrée sur leurs terres et le souverain choisissait lui-même leurs *jurats*.

Guillaume mourut en 1223, à Oloron « laissant un testament plein de dispositions libérales ». Il avait désigné son fils pour son successeur et conclu avec les *comtes d'Armagnac et de Bigorre*, une trêve de cinq ans, à dater de son décès.

Guillaume II (1223-1228), le plus puissant vassal de l'Espagne, était retenu prisonnier dans son *château de Moncade*, lorsque son père mourut. A peine de retour en Béarn, il partit en expédition contre les *Maures*, dans l'île de *Mayorque*, où il fut tué (1228). Il s'était marié avec *Garsende de Forcalquier*, veuve du comte de Provence et il laissait deux enfants en bas-âge.

Gaston VII (1228-1290), son fils, lui succéda. Garsende fut nommée régente. La famille de Béarn devint, grâce à elle, une maison princière très importante, alliée aux plus puissantes familles régnantes d'Europe. Garsende était, en effet, l'aïeule des *reines de Sicile, d'Allemagne, d'Angleterre et de France*, qui étaient nièces de Gaston.

Avec elle, le Béarn changea ses alliances : il abandonna l'Espagne et se mêla aux événements de la France.

Après *Taillebourg* (1242), Garsende alla, avec son fils, rejoindre le roi d'Angleterre, vaincu et réfugié à Bordeaux : elle se rangea parmi ses fidèles.

Henri III, héritier de l'Aquitaine par sa grand'mère, *Éléonore*, paya cher l'alliance du vicomte de Béarn : Gaston fit, en effet, bâtir avec l'argent des Anglais, le château de *Moncade d'Orthez, dit le noble*. Mais bientôt il eut lui-même des démêlés très sérieux avec le terrible *Edouard Ier*. Fait prisonnier par surprise, il le défia en champclos, le qualifiant de *traître-roi* et *juge-félon*. Délivré, il fit vainement le siège de Bordeaux et de Bayonne, avec *Arnaud de Grammont* qui se déclara « son homme d'armes, son chevalier-lige ».

Pendant une courte paix, *Edouard* et *Gaston* se rendirent en Espagne, pour épouser les filles du roi d'Aragon et de Castille. Ils furent tous les deux investis chevaliers par *Alphonse-le-Sage*, et *Gaston* fut relevé *de tout hommage et serment envers le roi d'Aragon (1270), juste un siècle après l'acte d'engagement de la vicomtesse Marie (1170).*

La guerre reprit bientôt entre Edouard et Gaston, qui fut assiégé dans *Orthez* mais qui reçut, pour prix de sa soumission, une pension de neuf mille livres, en plus de celle de deux mille dont il jouissait depuis sa paix avec *Henri III*. Durant ses guerres avec le roi d'Angleterre, Gaston s'était heurté au redoutable *comte de Toulouse* et avait agrandi ses États de *St-Gaudens, Miramon*, le *Nébouzan* et la *vallée d'Aure* (Hautes-Pyrénées). Il eut en héritage la *Bigorre* et reçut l'hommage du *sire d'Albret*, seigneur de Bazas, pour sa vicomté de *Gabardan*.

Ce noble vicomte avait quatre filles. L'aînée, *Constance*, veuve de l'Infant d'Aragon, mourut sans enfant, avant son père. Gaston désigna alors pour son héritière *Marguerite*, sa deuxième fille, qui avait épousé *Roger-Bernard*, comte de Foix : ainsi commença la Maison de Foix.

Gaston mourut peu de temps après (1290), dans son château de *Sauveterre* et fut enterré dans l'*Église des Mineurs, à Orthez*. Avec lui finit la *dynastie de Moncade.*

Presque toujours en guerre, Gaston n'avait eu que peu de temps pour s'occuper d'administration et de justice. *Assisté des évêques d'Oloron et de Lescar, il renouvela cependant les fors, en présence des barons de Béarn (1288).*

LECTURES

1° Avènement de Gaston IV, à la main ouverte. — 2° Pénitence de Guillaume II, à Tarragone.

CHAPITRE III

6e LEÇON

LÉGISLATION BÉARNAISE. — LES FORS

RÉSUMÉ. — 1. *Les Fors et coutumes* sont les lois des Béarnais. — 2. Composés d'après les principes romains de Justice et de liberté, ils sont empreints d'un grand souffle d'indépendance nationale et d'équité naturelle. — 3. Ils proclament la *souveraineté du peuple, la liberté des personnes, la protection et la solidarité naturelle.* — 4. Le *for général* fut octroyé par Gaston IV (1088) et reconnu par ses successeurs; *les fors particuliers* aux cités ou aux vallées de la vicomté furent accordés par divers princes; ils constituaient des privilèges propres à certaines régions. — 5. Depuis Gaston IV les vicomtes de Béarn durent jurer serment de fidélité aux *Fors et aux coutumes établies*, avant d'être reconnus souverains par leurs peuples. — 6. Ils étaient *dépossédés ou dépêchés* comme traîtres et félons, lorsqu'ils les violaient.

LEÇON

Ici se place naturellement une étude des **Fors et Coutumes,** consacrés par le vicomte **Gaston IV** et reconnus par ses successeurs. Ils constituent la première législation écrite de l'Europe. Ils comprennent le *For général ou vieux for* du Béarn et les *fors particuliers,* propres à chaque région et cité.

Le mot *for* est probablement un diminutif de *forum,* tribunal, place publique où l'on rendait la justice à Rome. Il désigne le *droit public* du pays ainsi que les *privilèges* de certaines communautés et leurs coutumes.

Vers 506, **Alaric II,** roi des Wisigoths, édicta à *Aire* (Landes) un *bréviaire* des lois romaines,* réunies en code sous l'empereur *Théodose.* Il devait être observé par tous ses sujets gallo-romains, sous peine de mort ou de confiscation des biens : ce fut là l'origine du *vieux for*.

Les Francs, maîtres du Midi de la Gaule, depuis Clovis, abolirent la législation des Wisigoths, à l'époque de Charlemagne et rendirent à chaque province son droit et ses coutumes spéciales : ce fut l'origine des *fors particuliers*.

Composés les uns et les autres d'après les principes de justice et de liberté du *droit romain*, ils sont un abrégé de tout ce qu'il y avait de meilleur parmi les éléments très divers du *droit européen au moyen-âge : l'esprit d'équité naturelle et d'indépendance nationale* dont ils sont animés contraste singulièrement avec les *abus du régime féodal*, si en honneur à cette époque.

En effet, ils établissent et déterminent d'une manière très nette : 1° Les rapports définis du seigneur avec ses sujets et réciproquement, leurs droits et leurs devoirs respectifs : *En Béarn, le peuple est souverain ;*

2° Les rapports des personnes entre elles au point de vue de la protection et de la juste solidarité. *Un traité de 1020 entre les vicomtes de Béarn et de Soule stipule : 1° Qu'un sujet ayant reçu quelque tort ou injure portera plainte devant le seigneur et fera justice dans trois jours à défaut de justification par serment de l'accusé ; 2° Que les habitants d'un pays d'où est sorti un voleur, ceux chez qui il s'est réfugié et ceux qui l'ont recueilli sont tenus de réintégrer le prix du vol, à défaut de la chose volée, et de livrer le larron. Le for de Morlaas énonce que tout larron, meurtrier ou voleur de grand chemin doit être jugé ou pendu ;*

3° Les droits individuels et les libertés diverses dont peuvent jouir les personnes dites *libres : ce sont les bases des principes de 1789, posées dès 1088 en Béarn, pour la grande majorité des habitants ;*

4° Les privilèges particuliers et exceptionnels, parfois extraordinaires, accordés aux habitants de certaines régions ou villes, par exemple, aux *Oloronais*, pour repeupler la cité détruite, ou bien aux *criminels aspois* qui, ayant dépassé la *Pène d'Escot*, ne pouvaient être poursuivis par le vicomte, ou encore aux *voleurs ossalois*, qui pouvaient se présenter devant le seigneur, s'ils étaient rentrés de jour avec leur vol dans leur terre d'Ossau : *de telles garanties encourageaient à la friponnerie ces montagnards traités avec trop d'indulgence assurément. La liberté doit avoir ses justes limites, pour sauvegarder tous les droits et intérêts, sous peine de devenir la licence* et de semer le désordre, l'anarchie*.*

For général. — « Le for général du Béarn est la collection des privilèges, immunités*, lois et coutumes octroyées et confirmées par les seigneurs béarnais pour l'administration générale de la vicomté. » (Mazure.)

D'après lui, l'*autorité des États prime celle du Seigneur*, obligé de jurer solennellement d'observer les *Fors et Coutumes* selon une formule consacrée.

Il traite des rapports du Souverain avec ses sujets, vis-à-vis *des nobles, des bourgeois ou francs et des serfs.*

D'abord très nombreux, les serfs reçurent des droits civils formels dans la charte émancipatrice de Gaston IV et la glèbe asservie disparut presque entièrement.

Ce prince propageait la liberté dans ses États.

« *La concession des franchises populaires est la pensée qui semble animer toute sa vie de Prince et de Seigneur féodal.* » (MAZURE.) « *Ils seront libres eux et leurs biens* », disait-il sans cesse dans les chartes qu'il accordait ; il précéda ainsi le roi Louis VI dans l'affranchissement des communes.

Le for général, promulgué sans doute en 1088 par Gaston IV, fut confirmé par Gaston VII de Moncade (1228); ce prince renouvela les coutumes établies par les ancêtres. Une charte d'Oloron de 1080 le ferait même remonter à une date antérieure.

Fors particuliers. — Ils établissaient les droits propres des régions selon leurs coutumes et usages, les privilèges des cités ou les concessions personnelles aux gens de certaines conditions.

Le *for d'Oloron* fut octroyé en 1080 par *Centulle IV* pour faciliter le repeuplement de cette cité détruite par les *Normands*.

Le *for de Morlaas* fut accordé probablement par *Guillaume-Raymond ;* mais une charte de 1101 (sous *Gaston IV)* déclare libre et affranchie la cité de Morlaas.

Les *fors d'Ossau, d'Aspe, de Barétous et de Soule* furent rédigés en 1221 par *Guillaume-Raymond. Orthez,* prise au comte d'Acqs, par Gaston IV, en 1106, fut déclarée ville béarnaise en 1204 et reçut le for de Morlaas en 1319.

D'après tous les fors, *la liberté était le droit commun*, le Béarn étant essentiellement une *terre franche*, où le servage formait l'exception. Partout ailleurs, en effet, on disait : « *Nulle terre sans seigneur.* » En Béarn on proclamait : « *Nul seigneur sans titre !* »

Au point de vue judiciaire, les fors énoncent les principes suivants, contenus dans notre code français actuel : 1° Nul ne peut être distrait de ses juges naturels; 2° Nul ne peut être juge dans sa propre cause ; 3° Nul ne peut être jugé que suivant le for et la coutume de sa terre.

Ce dernier principe était énoncé en ces termes à chaque séance de la cour majour :

« *Seigneurs et bonnes gens, le* seigneur Vicomte *est ici avec sa* cour *pour faire droit à toutes personnes, suivant le* for et la coutume *de chaque terre.* »

Et le for d'Aspe disait :

« *Les jurats des tribunaux inférieurs jugeront bien loyalement les querelles des particuliers ; ils maintiendront la sûreté de la voie publique ; ils jugeront en conscience selon la vérité et sans recevoir* aucun salaire, à peine de déchéance. »

Disons à ce propos que le seigneur-baron de *Mirapeix*, jurat de la cour majour, fut destitué pour avoir rendu, envers un particulier dans l'incapacité de payer, un jugement sévère, résumé par ces mots devenus proverbiaux : « *Qui nou pod que pousque.* »

Il serait trop long d'entrer dans l'étude détaillée des divers fors, au point de vue particulier de l'administration, de la justice et du droit civil ou criminel. De bonne heure ils accordèrent aux Béarnais de très grandes libertés ; ils leur ont toujours permis de jouir d'une indépendance relative et d'être tous équitablement jugés, riches ou pauvres, d'après des lois connues, établies par leurs États, consenties par leurs Seigneurs.

Cela nous explique pourquoi le Béarn, — pays toujours libre, — n'a point connu l'effervescence populaire, à l'époque des communes au moyen-âge, et n'a pris qu'une part très médiocre au mouvement d'émancipation du peuple français en 1789.

LECTURES

1° Extrait du For général ou Vieux For ;
2° Extrait du For d'Oloron ;
3° Extrait du For de Morlaas.

CHAPITRE IV

Maison de Foix. — Guerre de Cent ans.

7e LEÇON

DE ROGER-BERNARD A GASTON-PHÉBUS (1290-1391).

Résumé. — **1.** Le comte de Foix, *Roger-Bernard*, gendre et successeur de Gaston VII, administra le Béarn avec prudence et sagesse. — **2.** Ses successeurs aidèrent les rois de France dans leurs luttes contre les *Comtes de Flandre* et prirent une part très active à la *Guerre de Cent ans*. — **3.** Le plus remarquable d'entre eux, *Gaston X*, appelé *Phébus*, a jeté un grand éclat sur la maison de Foix, par ses hauts faits, ses belles prouesses, sa grande bravoure et ses goûts raffinés. — **4.** Il était aimé et recherché autant que craint et respecté.

LEÇON

Roger-Bernard de Foix (1290-1302) succéda à son beau-père, Gaston VII. La *seigneurie de Foix*, autrefois vassale de l'Aquitaine, était érigée en comté depuis environ 1050. Elle avait eu souvent des démêlés avec l'*Armagnac*, placé entre Béarn et Foix. Roger avait la réputation d'un preux chevalier. Il avait osé lutter contre *Philippe III, le Hardi*, héritier du Languedoc, qui le fit prisonnier, mais le retint peu de temps et l'arma chevalier de sa propre main (1270). Il avait ensuite combattu les Maures pour le roi d'Aragon. Son administration en Béarn fut courte, mais paisible et sage.

Gaston VIII (1302-1316), son fils, fut en guerre contre le *comte d'Armagnac*. Il alla au secours du roi *Louis X, le Hutin*, contre le comte de Flandre et mourut à *Pontoise*, après avoir épousé Jeanne d'Artois.

Gaston IX (1316-1343), neveu du roi par sa mère, combattit pour la France les Flamands et les Anglais. Il alla aussi guerroyer en Espagne et mourut près de *Séville**.

Gaston X, appelé **Phébus** (1343-1391), fut élevé par sa mère *Éléonore de Comminges*, qui en fit un noble chevalier ; il fut aussi un puissant souverain renommé pour ses brillantes qualités, son esprit fin et délié, ami des arts et pour son éclatante beauté, qui lui a valu le surnom de *Phébus*, autant que le soleil adopté pour emblème et gravé sur ses armes.

Dès le début de son règne, le roi *Jean le Bon* fut battu à *Poitiers* et fait prisonnier. Pays libre et indépendant, reculé aux extrémités méridionales et n'éprouvant guère les dommages causés par les guerres, le Béarn aurait pu rester neutre ou suivre l'exemple des seigneurs de l'Aquitaine, qui s'étaient rangés sous la bannière anglaise ; mais son cœur penchait vers la France. *Nous sommes fiers, nous, Français d'aujourd'hui, de constater que nos ancêtres béarnais ont prêté leur appui à la Patrie en danger.* Dès l'âge de 15 ans, Gaston-Phébus alla combattre les Maures, en Espagne, et il épousa *Agnès de Navarre*, sœur de *Charles le Mauvais*. Il se rendit ensuite à Paris pour obtenir la grâce de son beau-frère, retenu prisonnier. Le roi de France en profita pour lui demander le vasselage de sa terre de Béarn ; mais Gaston lui répondit avec fierté qu'il ne devait son hommage qu'à Dieu, non à aucun comte, duc ou roi sur terre. Cette fière réponse lui valut d'abord une brève captivité, puis le titre de *lieutenant-général du Languedoc*, qu'il gouverna avec une douce fermeté.

Après une courte expédition en Allemagne, il prit part à la répression de la *Jacquerie*, particulièrement dans le Midi de la France : il assista à la bataille de *Meaux*, où il sauva, avec l'aide du *seigneur de Buch**, les dames de la Cour d'un massacre certain ; les malheureux paysans y furent exterminés : 60.000 d'entre eux y périrent.

Gaston vainquit ses voisins les *comtes d'Armagnac et d'Albret* et défendit avec honneur l'indépendance de sa terre de Béarn contre la rapacité des Anglais, maîtres de Gascogne et Labourd par le traité de *Brétigny* (1360); il força l'estime du puissant *Prince Noir*, qui aurait été heureux de posséder son amitié.

Il avait pour cri de guerre : « *Fébus aban !* » et sa devise préférée : « *Toque-y si gauses !* » inscrite sur sa royale demeure était un défi jeté à la bravoure de ses ennemis.

Gaston-Phébus cultivait les lettres et goûtait fort la musique ; il aimait passionnément la chasse et se faisait un honneur d'être le premier chasseur de son temps : il alla chasser l'ours jusqu'en *Suède et Norvège*. Il a écrit un traité intitulé : « *Déduiz de la chasse des bestes sauvaiges et des oiseaux de proye.* » Il fit commencer le *château de Pau* pour lui servir de rendez-vous de chasse.

Preux chevalier, féal et courtois, il aimait le faste des belles réceptions, les joyeux propos et les brillants tournois. Son historien *Froissart** dit dans ses *Chroniques* qu'il n'a pas rencontré de Cour *« qui mieux lui plût »*.

Le château d'Orthez eut l'honneur de recevoir vers 1380 et d'égayer par des fêtes splendides, le duc de *Bourbon, Bertrand Du Guesclin, avec 300 nobles chevaliers*, allant en Espagne, au secours de *Henri de Transtamarre* contre Pierre le Cruel.*

Malheureusement, deux crimes ternissent la mémoire de Gaston-Phébus. Ce puissant vicomte tua de sa propre main son frère naturel *Pierre-Arnaud* et son fils *Gaston « l'Ange de Foix »*.

Le premier défendait pour le compte des Anglais la ville de *Lourdes*, assiégée par les Français. Appelé à Orthez par Gaston, il refusa de rendre la ville et fut tué d'un coup de dague.

L'*« Ange de Foix »*, marié depuis peu de temps à la *comtesse d'Armagnac*, alla faire visite dans *Pampelune* à sa mère Agnès, retirée auprès de son frère. *Charles le Mauvais* remit à son filleul, entre autres présents, un sachet plein d'une poudre merveilleuse, avec mission de la verser dans la boisson de son père. Gaston-Phébus faillit être empoisonné par son propre fils. Furieux, il fit enfermer, puis tua, sans le vouloir, son cher enfant, qu'il pleura fort longtemps.

Il mourut lui-même subitement, en 1391, à *Orion*, près de *Sauveterre*, après une chasse à l'ours.

LECTURES

1° Visite de Gaston-Phébus à Charles VI à Toulouse.
2° Imposition des Aspois aux gens de Lavedan.

8e LEÇON

DE MATHIEU DE CASTELBON A FRANÇOIS-PHÉBUS (1391-1483) LIBÉRATION DE LA GASCOGNE ET DE LA FRANCE

RÉSUMÉ. — 1. *Mathieu de Castelbon,* puis sa sœur *Elizabeth de Foix* administrèrent le Béarn avec sagesse. — 2. Jean Ier fut le compagnon d'armes de *Jeanne d'Arc* et de *Dunois;* il reprit la Bigorre aux Anglais : c'était un noble chevalier. — 3. *Gaston XI* contribua puissamment à l'expulsion définitive des Anglais de tout le royaume de France, surtout du pays de Gascogne, et prépara la succession de la *Navarre.* — 4. Avec *François-Phébus* finit la dynastie des puissants *Comtes de Foix* (1483) qui ont brillé d'un grand éclat dans la chevalerie du moyen-âge.

LEÇON

Mathieu de Castelbon, neveu de *Gaston,* devint vicomte du Béarn, *Phébus* n'ayant pas d'enfant légitime. Il fit, avec le duc de *Bourbon,* une expédition contre les pirates de *Tunis.* Marié à la fille du roi d'Aragon il essaya vainement de succéder à son beau-père. Il administra sagement le Béarn et chercha à remédier aux lenteurs de la justice. Il mourut sans enfant, en 1398.

Sa sœur, **Elizabeth de Foix,** lui succéda (1398-1426). Elle avait épousé *Archambault de Grailly, captal ou seigneur de Buch,* descendant de la Maison de Foix et ancien compagnon de Phébus.

Leur règne fut calme et paisible. Un de leurs fils, Gaston, fut tué à la bataille d'Azincourt, où il s'était fait remarquer ; un autre fut tué avec le duc de Bourgogne, sur le pont de Montereau. Le quatrième fut comte de Comminges et gouverneur du Dauphiné ; le cinquième fut évêque de Lescar, puis cardinal et légat* du pape.

Jean Ier (1426-1436), leur fils aîné, fut un prince

noble et valeureux. Il secourut le *roi d'Aragon*, combattit le *comte d'Armagnac*, assista *Jeanne d'Arc* à la prise d'*Orléans*, à la victoire de *Patay*, au sacre de *Reims* et fut le compagnon de *Dunois*. Il enleva *Lourdes* aux Anglais et prit le titre de *comte de la Bigorre*, après en avoir chassé l'étranger. Certains auteurs prétendent qu'il aurait retenu prisonnier et laissé mourir dans un de ses châteaux le pape *Benoît XIII*, à l'époque du grand schisme*.

Marié d'abord à *Jeanne de Navarre*, puis à *Jeanne d'Albret, première de ce nom*, il épousa, en troisièmes noces, l'infante *Jeanne d'Aragon* et mourut subitement en 1436, laissant à son fils un État puissant et respecté.

Il avait régné avec éclat et son nom figure parmi les plus illustres dans la chevalerie de ce temps.

Gaston XI (1436-1471) « *fut toujours le loyal et fidèle chevalier du roi Charles VII* ». Il contribua puissamment à l'expulsion définitive des Anglais : il les chassa de la *Gascogne* et s'empara de *Tartas*, *St-Sever* et *Dax*. Le roi de France assista en personne au siège de *St-Sever*, capitale du pays gascon, que le vicomte béarnais emporta d'assaut. Quelques mutineries s'élevèrent alors entre les Béarnais et les gens du roi de France, qui entrèrent en Béarn et furent dispersés par les paysans, appelés au son du tocsin ; mais s'étant ralliés dans les environs de *Mesplède, près d'Arthez*, ils massacrèrent à leur tour plus de 1.000 paysans. Gaston acquit en compensation les terres de *Buch* et le comté de *Narbonne*. Il prit *Mauléon* et plusieurs places des environs de Bayonne, p[illegible] enfin la capitale du *Labourd* où il fit une entrée royale, ayant *Dunois* sous ses ordres (1453). Il contribua aussi à la prise de *Bordeaux*, qui marquait la défaite complète des Anglais et la libération définitive de la France ; *les Béarnais ont eu l'honneur d'y contribuer pour une très large part.*

Gaston avait épousé *Éléonore*, fille de l'héritière de la *Navarre*, mariée elle-même au roi d'Aragon.

Une contestation s'éleva au sujet de la succession de la Navarre, entre Jean d'Aragon, Blanche des Asturies*, sa fille, et Gaston de Béarn, son gendre. Louis XI, accepté pour arbitre par les trois prétendants, décida que la *Navarre* resterait à *Jean d'Aragon* sa vie durant, mais qu'elle reviendrait ensuite au *comte de Foix*. Cet arbitrage fut ratifié par les parties après quelques difficultés (1471).

Ainsi les *vicomtes de Béarn* devenaient *rois de Navarre.*

Louis XI profita de son séjour à Bayonne pour aller rendre visite à la madone de *Sarrance*. Il donna alors au vicomte de Béarn un éclatant témoignage de sa haute considération ; lui qui rêvait de reconstituer l'unité française dit à ses gens en entrant sur les terres de Béarn : « *Baissez l'épée de France ; nous sortons ici du royaume !* » Il reconnaissait ainsi l'indépendance de ce petit État.

Gaston XI aimait, comme ses ancêtres, le faste des brillantes représentations, le luxe des vêtements et des armes ; mais il sut comme eux respecter les droits et les libertés de ses sujets. Il fit embellir et agrandir le *château de Pau* dont il fit sa résidence.

Il mourut en 1471 à *Ronceveaux*, allant faire la guerre en Navarre. Son corps fut inhumé à Orthez. Sa femme *Éléonore* gouverna jusqu'en 1479 et *recueillit la couronne de Navarre.*

Gaston avait eu quatre fils et cinq filles. Son deuxième fils épousa *Marie d'Orléans*, sœur de Louis XII et fut le père de *Gaston de Foix*, le vainqueur de Ravenne ; sa troisième fille épousa le *duc de Bretagne* et fut la mère d'*Anne de Bretagne*, qui devint reine de France.

François-Phébus (1479-1483), son petit-fils, fut couronné roi de Navarre, à l'âge de 13 ans, dans la cathédrale de Pampelune, où il s'était rendu avec sa mère, *Madeleine de France*, sœur de Louis XI, escorté des envoyés de Navarre et de 1.500 lances.

Il mourut à l'âge de 16 ans, en 1483, au moment où il commençait à jouer de la flûte. Sa mort subite et mystérieuse fut attribuée au poison, car « *à peine eût-il approché de ses lèvres une flûte dont il savait tirer des sons merveilleux qu'il sentit le froid de la mort se répandre dans ses veines* ».

Il fut enterré dans la cathédrale de Lescar.

LECTURES

1° Bataille de Mesplède ;
2° Visite de Louis XI à Notre-Dame de Sarrance.

CHAPITRE V

Temps modernes. — La Réforme. Annexion du Béarn à la France (1620).

9e LEÇON

MAISON D'ALBRET (1483-1555). — MARGUERITE DE VALOIS

Résumé. — 1. *Catherine de Navarre* et *Jean d'Albret* furent des souverains justes et bons ; mais ils perdirent la *Navarre espagnole,* conquise par le roi de *Castille et d'Aragon, Ferdinand le Catholique.* — **2.** *Henri d'Albret,* Ier de Béarn et II de Navarre fut un brillant chevalier ; il reconquit en partie la Navarre. — **3.** Compagnon d'armes et intime ami de *François Ier,* il fut fait prisonnier à *Pavie,* puis épousa *Marguerite de Valois,* sœur du roi. — **4.** Il fut bon administrateur, grand justicier et législateur intelligent. — **5.** Marguerite favorisa les lettres et introduisit la *réforme* en Béarn.

LEÇON

Catherine de Navarre, sœur de François-Phébus, devint souveraine du Béarn, dès l'âge de 13 ans, sous la tutelle de sa mère *Madeleine de France.* Elle était la plus riche héritière de l'Europe. De nombreux prétendants, parmi lesquels deux princes du sang de France, le *duc de Tarente** et le *prince de Castille**, la sollicitèrent en mariage. Le choix des États de Béarn se porta sur le sire **Jean d'Albret,** seigneur des Landes, ce qui rendit furieux *Jean de Foix,* vicomte de Narbonne, oncle de Catherine. La jeune reine faillit être victime, ainsi que sa mère, d'une conspiration ourdie par lui avec l'aide des seigneurs de *Grammont* et de *Gerderest;*

ce dernier fut exécuté à *Montaner*, tandis que Grammont, plus coupable, fut gràcié.

Après leur mariage, en 1491, Catherine et Jean se rendirent à *Pampelune*, pour se faire reconnaître rois de Navarre. Ce pays était alors en proie aux luttes intestines entre les familles rivales de *Beaumont* et de *Grammont*, familles de maréchaux, de connétables et de gouverneurs.

Le roi Jean se montra si faible qu'il perdit la Navarre espagnole, dont *Ferdinand le Catholique* s'empara. Le roi de France, *Louis XII*, occupé en Italie ne put le secourir (1512).

Jean d'Albret combattit *Camaing, baron de Coarraze*, révolté, ravagea ses terres et brûla son château, puis défendit contre les prétentions du *Parlement de Toulouse* l'indépendance absolue du Béarn, qui fut notifiée à toutes les cours du royaume, par lettres patentes du roi de France (1512). Il mourut à Monein, en 1516 et Catherine à Mont-de Marsan, bien vite après lui ; ils furent enterrés à Lescar.

« *Jean et Catherine furent de nobles souverains, justes et droituriers, ménagers du bien et du repos de leur peuple; mais Jean manqua d'énergie.* » Catherine, plus valeureuse, quoique très bonne, lui disait parfois : « *Si nous fussions nés, vous Catherine et moi Jean, nous n'aurions jamais perdu la Navarre.* »

Leur fils, **Henri d'Albret**, n'avait que 12 ans. Formé à la chevalerie, il brilla de bonne heure à la cour de France et suivit *François I*er dans ses guerres contre *Charles-Quint*. Il conquit en partie la Navarre et reprit les villes de *St-Jean-Pied-de-*

Port, Roncevèaux, Fontarabie et Pampelune; mais les Espagnols, conduits par le *prince d'Orange,* brûlèrent *Sordes* et s'emparèrent de *Sauveterre, Navarrenx, Mauléon et Oloron ;* ils quittèrent pourtant bien vite le Béarn.

Henri II, fait prisonnier à Pavie, réussit à s'enfuir et négocia, de concert avec *Marguerite de Valois,* la libération de *François Ier,* son compagnon d'armes et son ami. Délivré, celui-ci lui accorda la main de sa sœur, veuve du *duc d'Alençon;* elle lui apportait en dot les duchés de *Nemours et d'Alençon, avec le comté d'Armagnac,* le perpétuel ennemi du Béarn.

Le vicomte de Béarn, roi de Navarre, pouvait alors rivaliser en puissance avec les princes les plus riches du royaume; il possédait principalement *la souveraineté de Béarn, les duchés d'Alençon et de Nemours, les comtés d'Armagnac, de Foix, de Périgord, de Bigorre et de Dreux, les vicomtés de Limoges et de Marsan, ainsi que l'Albret,* devenu duché, avec *Nérac* et *Tartas* pour villes principales, et enfin quelques *fiefs* en *Saintonge* et même en *Champagne.*

A partir de son mariage, Henri II ne prit plus part aux guerres de François Ier ; il s'occupa très sérieusement d'administration et de législation. Il fit restaurer le *château de Pau* avec le luxe et la délicatesse de l'architecture de la *Renaissance.* Il encouragea l'agriculture et l'industrie et fit même venir en Béarn des agriculteurs du nord de la France.

Il modifia sensiblement les Fors, surtout en matière de justice et de procédure. Les Fors particuliers furent réunis en un corps de lois, imprimé pour la première fois à Pau, en 1552.

Il créa un *Conseil privé de Navarre* et une *Cour des Comptes*, mais supprima la *Cour majour*.

On ne s'explique guère comment Voltaire a pu le qualifier *de prince sans mérite*, car Charles-Quint disait « *qu'il n'avait rencontré qu'un homme en France et que cet homme était Henri de Navarre* ».

Sa femme, la *Marguerite des Marguerites*, la *mignonne sœur* de François Ier, était plus âgée que lui de dix ans. Douée d'une haute intelligence et d'un esprit délicat, écrivain remarquable, elle aimait les joyeusetés et les aventures piquantes. Elle s'entourait de savants et de poètes et attira dans sa Cour *Erasme, Desperriers* et *Clément Marot*, qui la peignit ainsi : « *Corps féminin, cœur d'homme et tête d'ange.* »

Nous lui devons les jardins magnifiques du château de Pau et les ombrages du Parc, où elle se plaisait à méditer dans le recueillement et à puiser ses inspirations poétiques.

Avec elle, la *Réforme* s'introduisit en Béarn. Esprit large et tolérant, imbue de liberté et avide de savoir, elle favorisa la religion nouvelle, accueillit et protégea les persécutés, malgré les remontrances de son frère et de son mari. Elle nomma même évêque d'Oloron le chef des réformés, *Roussel*, dont l'érudition et les belles prédications l'avaient charmée. Mais les exigences toujours croissantes de ses partisans l'effrayèrent bientôt : elle redevint une fervente catholique et se repentit même d'avoir trop favorisé les idées nouvelles. Elle mourut au château d'*Odos*, près de Tarbes, en 1549 ; elle fut enterrée à Lescar.

Henri II vécut jusqu'en 1555 ; il mourut à Hagetmau et fut le dernier vicomte de Béarn inhumé dans la cathédrale de Lescar.

LECTURES

1° Premier mariage de Jeanne d'Albret ;
2° Naissance de Henri IV.

10e LEÇON

ANTOINE DE BOURBON ET JEANNE D'ALBRET (1555-1572)

RÉSUMÉ. — 1. *Jeanne d'Albret et Antoine de Bourbon* administrèrent ensemble le Béarn et la Navarre jusqu'en 1562. — 2. *Antoine*, d'un caractère indécis, fut tour à tour calviniste et catholique ; il faillit périr après la *conjuration d'Amboise*, et fut tué au siège de *Rouen* (1562). — 3. Aussitôt après sa mort, Jeanne adhéra solennellement au calvinisme ; elle essaya de l'introduire en Béarn et dans la Basse-Navarre et resta sourde aux suppliques de ses États, ainsi qu'aux exhortations du roi Charles IX. — 4. Elle se réfugia à *La Rochelle* pour mettre son fils en sûreté, au milieu des *Réformés*. — 5. Le Béarn fut alors envahi et ravagé par les troupes royales avec *Terride*, puis délivré, mais ensanglanté par le *comte de Montgommery*. — 6. Après la paix de *Saint-Germain*, *Jeanne* se rendit à la Cour de France pour les fiançailles de son fils *Henri* avec *Marguerite de Valois*, sœur du roi ; elle y mourut quelques jours après son arrivée (1572).

LEÇON

Jeanne d'Albret, fille de *Henri II* et de *Marguerite*, était mariée depuis 1548 à **Antoine de Bourbon,** descendant de *Robert de Clermont, sixième fils de St-Louis*. Elle avait 27 ans lorsqu'elle succéda à son père.

Jeanne et **Antoine** furent solennellement proclamés souverains de *Béarn et rois de Navarre* dans la grande salle du *château de Pau.*

Antoine était un prince de beaucoup de courage, mais d'un caractère indécis et faible. Il recherchait l'appui du roi de France, pour reconquérir sa *Navarre* perdue. N'ayant pu l'obtenir, il devint le chef du parti de la Réforme et faillit périr, ainsi que son frère le *prince de Condé*, après la *conjuration d'Amboise*. Puis passant de nouveau au catholicisme, il forma un triumvirat avec le *duc de Guise* et le *comte de Montmorency*.

A la mort de **François II**, il eut l'espoir d'être nommé régent de France ; il n'obtint que le titre de *lieutenant-général du royaume*. Il mourut en 1562, des suites d'une blessure reçue au siège de *Rouen*, défendue par le calviniste *Montgommery*, le meurtrier involontaire de *Henri II*.

Jeanne gouverna seule jusqu'à sa mort (1572). Femme d'une rare énergie, maîtresse absolue, sévère dans ses mœurs, austère dans sa vie, elle possédait de grandes qualités politiques. Le poète d'Aubigné l'a dépeinte ainsi : « *Princesse qui n'avait de femme que le sexe, l'âme entière aux choses viriles, l'esprit puissant aux grandes adversités.* » « *Les catholiques mêmes, dit un écrivain de son temps, reconnaissant son courage, sa constance, sa fermeté ne blâment que son entêtement qui fait sa gloire auprès des calvinistes.* »

Jeanne voulait réformer la religion catholique, selon la *Bible*, et l'empêcher de se corrompre en Béarn « *de laquelle peste il s'est bien sauvé jus-*

qu'ici », comme elle l'écrivait au *cardinal d'Armagnac*, légat du pape. Elle participa publiquement à la *Cène**, le jour de Pâques (1er avril 1563) et fit ainsi solennellement adhésion au calvinisme, qu'elle essaya d'introduire dans ses *États*. Elle rendit à ce sujet diverses ordonnances sévères, absolues et défendit qu'on lui présentât nulle requête. Les troubles religieux commencèrent aussitôt en *Béarn*. Le souvenir terrible de cette époque de désordres et de désolation est devenu proverbial dans notre pays, sous le nom de : *« Lou téms de la Réyne Yane ! »*

Les églises furent partout détruites ou pillées et les sépultures violées : la *cathédrale de Lescar* fut la première saccagée; les tombeaux des anciens vicomtes de Béarn furent profanés; celui de *Henri II, père de Jeanne*, ne fut même pas épargné. Les actes barbares et odieux de ce genre furent malheureusement très nombreux.

Les **États de Béarn**, inquiets et fatigués des plaintes et des récriminations qu'ils recevaient de tous côtés, essayèrent d'adresser à leur souveraine des suppliques, puis des remontrances; ce fut en vain. Ils lui demandèrent alors leur congé. *Jeanne* le leur refusa d'abord, puis cédant à leurs instances, elle leur fit cette dure réponse : *« A de mauvais serviteurs je donne volontiers congé. »*

Déterminée à poursuivre son but, elle voulut introduire le calvinisme dans la *Basse-Navarre* comme en Béarn; elle fit traduire en basque le cathéchisme et les évangiles de **Calvin**; elle fit prêcher la religion nouvelle par des prédicateurs ardents, qui furent écoutés et suivis par le peuple;

mais la noblesse, en partie réfractaire aux idées nouvelles, souleva les *Basques* et les *Navarrais*, qui prirent les armes et s'emparèrent de *Sauveterre* et de *Salies* ; les hostilités furent d'ailleurs de très courte durée.

En 1564, **Charles IX** et sa mère se rendirent à *Bayonne*, en conférence avec la *reine d'Espagne* et le *duc d'Albe**. *Jeanne* alla les visiter, mais elle les quitta bien vite, indignée, car elle comprit qu'ils avaient déjà médité un terrible projet à l'égard des catholiques.

Charles IX revint à Paris par *Dax* et *Nérac**, où il obtint à peine une messe et ne vit partout sur son chemin que croix renversées ou mutilées et qu'églises brûlées ou ruinées. Il tenta tous ses efforts auprès de *Jeanne d'Albret* pour la détacher du parti protestant, mais ce fut en vain.

Quelque temps après, le *cardinal de Lorraine* essaya de lui enlever son fils **Henri de Navarre.** *Jeanne* alors se décida à se réfugier à *La Rochelle*, la citadelle du parti réformé. Elle y arriva après un voyage mouvementé, heureuse d'avoir échappé aux soldats du redoutable *Montluc*, chargé de l'arrêter.

Montluc envahit la *Bigorre*, tandis que le *baron de Terride, lieutenant du duc d'Anjou*, venait soumettre le *Béarn à Charles IX*. *Sauveterre, Salies, Nay, Lescar* et *Morlaas* furent bien vite réduites, le *Vic-Bilh* fut ravagé. *Navarrenx* et *Oloron*, d'abord soumises, furent reprises par le *duc de Grammont*, commandant les partisans de la reine. *Orthez* résista longtemps. *Terride* alla camper alors à *Bizanos*, aux portes de *Pau*, et fit convoquer les *États de*

Béarn. Ils se réunirent d'abord à *Lescar* (14 avril 1569), où ils décidèrent de livrer *Pau* et de se soumettre au terrible baron, qui leur imposa des conditions très dures, puis à *Lucq-de-Béarn* (5 juillet), sur l'ordre du roi, pour ratifier les mesures arrêtées par lui. Malgré leur défaite, les **États** protestèrent énergiquement et réussirent à faire reconnaître *l'indépendance du Béarn*, consacrée par 800 ans de liberté, contre les arrêts des *Parlements de Toulouse* et de *Bordeaux*, qui avaient prononcé sa réunion à la France. Ils acceptèrent la protection du roi de France, mais déclarèrent « *que les Béarnais préféraient mourir, eux et leurs enfants, plutôt que de renoncer à rester Béarnais* ». Cette généreuse et fière protestation est un des faits les plus curieux de notre histoire béarnaise.

La guerre continua donc avec plus d'acharnement que jamais. Le *château de Pau* céda à *Terride*, mais *Navarrenx, défendue par le baron d'Arros*, lui résista.

La reine **Jeanne** sollicita le secours de l'*Angleterre :* elle offrit à la reine **Elizabeth** tous ses bijoux ; celle-ci n'accepta que le collier et le rubis de la maison de Navarre.

Le *comte de Montgommery* fut chargé de combattre *Terride*. Il leva dans le *comté de Foix* une armée imposante, entra à *Pontacq*, passa le gave à *Coarraze*, reçut l'hommage des gens d'*Ossau*, fidèles à la Reine, chassa *Terride de Navarrenx*, le mit en déroute et entra dans *Orthez*, qu'il mit à feu et à sang, et qui fut le théâtre d'odieuses atrocités (*frineste deus capéraas*). *Terride* fut pris, ainsi que dix gentilshommes réfugiés avec lui dans le « *noble* » château : ceux-ci furent conduits à *Pau*, qui s'était rendue, et poignardés, en présence de leur chef, dans une salle du château. *Nay* et *Oloron* se rendirent aussi.

Montgommery était maître du Béarn. Il commit, au nom de la religion protestante, les mêmes crimes abominables que les catholiques commirent de tous temps, avec une rage féroce et aveugle, au nom du Dieu universel : les religieux furent partout pendus ou massacrés, les églises furent pillées ou brûlées, les vases précieux enlevés ou vendus, les tombeaux profanés et leurs cendres jetées au vent.

Beaucoup de familles quittèrent le Béarn pour se réfugier en Espagne. *Jeanne*, toujours à *La Rochelle*, apprit le dépeuplement de son pays ; elle autorisa par édit le retour des ecclésiastiques, puis revint en Béarn, où elle fut reçue avec joie par la grande majorité des Béarnais (1572).

Montgommery avait quitté le Béarn, administré par le *baron d'Arros*, pour aller rejoindre l'armée des Réformés. Il prit part, avec *Henri de Navarre*, âgé de dix-sept ans, et devenu chef du parti protestant, à la bataille de *Moncontour* : 10.000 calvinistes y périrent (1569).

Le traité de St-Germain (1570) amena dans le royaume une trêve générale, qui fut d'assez courte durée.

Jeanne d'Albret reçut alors avec une joie sincère la proposition du mariage de son fils, **Henri**, avec **Marguerite de Valois**, *sœur de Charles IX* : elle espérait ainsi reconquérir sa *Navarre* toujours regrettée. Elle se rendit donc sans défiance à la cour, le 15 mai 1572. Elle y fut accueillie avec empressement par l'astucieuse italienne, **Catherine de Médicis.** Le 8 juin suivant, elle mourait presque subitement, à l'âge de 44 ans : des soupçons meurtriers planent sur sa mort mystérieuse.

Jeanne d'Albret est assurément une des grandes figures du Béarn : courageuse, ferme, intelligente et savante, elle eût pu faire le bonheur de ses sujets, mais elle fut, toute sa vie, impérieuse, hautaine, absolue, implacable dans ses résolutions et manqua surtout de la douceur, de la bonté et de la tolérance dont *Henri II,* son père, lui avait pourtant donné l'exemple.

LECTURES

1° Les Recollets de Baudreix ;
2° Réponse de Jeanne au cardinal d'Armagnac.

11e LEÇON

LOU NOUSTE HANRIC (1572-1610). — PAIX RELIGIEUSE

RÉSUMÉ. — 1. *Henri de Béarn et de Navarre* épousa *Marguerite de Valois*, deux mois après la mort de sa mère ; huit jours plus tard eut lieu l'odieux massacre de la *Saint-Barthélémy* et les guerres de religion reprirent avec plus d'acharnement que jamais. — 2. *Henri*, retenu prisonnier pendant 4 ans, réussit à s'enfuir et se mit à la tête des *Réformés*. — 3. Sa sœur *Catherine* administra le *Béarn* et la *Navarre* pendant 15 ans avec une sage fermeté. — 4. Après l'assassinat de *Henri III* (1589), le *Béarnais* était l'héritier du trône : il dut conquérir son royaume. — 5. Il fut proclamé roi en 1594, après avoir *abjuré le protestantisme* et il rétablit bien vite la paix dans le pays. — 6. Il vécut toujours en *vrai béarnais* et joignit le titre de *roi de Navarre* à celui de *roi de France*, mais il conserva au *Béarn sa liberté et son indépendance*.

LEÇON

Henri II de Béarn, *III de Navarre*, avait à peine 19 ans lorsqu'il épousa **Marguerite de Valois** (16 août 1572). Beaucoup de protestants avaient été attirés à Paris, en cette occasion : ils se montrèrent fiers et arrogants et ils irritèrent les Parisiens, fermement catholiques et très disposés à mettre à mort tous les huguenots.

La **reine-mère,** jusqu'alors accusée de sympathiser avec les *Réformés*, se révéla tout à coup catholique intolérante.

Elle arracha au roi **Charles IX** l'ordre des odieux massacres de la *Saint-Barthélémy*, qui lui avaient sans doute été conseillés par le *duc d'Albe*. Dans la seule nuit du 23 au 24 août, de sinistre mémoire, 3.000 protestants furent surpris et massacrés sans pitié dans Paris. *Henri de Navarre* fut épargné, suivant un ordre très exprès de *Catherine*, mais il dut promettre de se faire catholique.

Les guerres de religion recommencèrent aussitôt dans toute la France, avec de nouvelles atrocités. **Henri**, retenu prisonnier à la Cour, ne put y prendre part pendant quatre ans. Il rendit plusieurs édits pour le rétablissement de la religion catholique en Béarn et nomma d'abord le *comte de Grammont*, puis *Henri d'Albret, seigneur de Miossens* lieutenants-généraux de ses *États*, en remplacement du *baron d'Arros*, calviniste ardent.

En 1576, il réussit à s'enfuir pendant une chasse et abjura le catholicisme : l'intolérance régna de nouveau en Béarn, qui fut pillé par des bandes allemandes appelées à leur secours par les protestants. En 1577, *Henri* nomma sa sœur **Catherine** *régente de la Navarre et du Béarn*. C'était une femme instruite, lettrée, d'un esprit ferme et conciliant ; elle administra les *États* de son frère avec une douce énergie et une grande sagesse. Elle fit briller la Cour de Béarn comme autrefois *Marguerite*, avec sa compagne et amie, *Corisande d'Andoins*, la belle et riche *comtesse de Grammont*.

Catherine fut réellement reine de Navarre pendant quinze ans. Henri, occupé par les guerres incessantes des partis, s'intéressa néanmoins à ses *États* par diverses *ordonnances* et par de fréquentes lettres à sa chère et bonne sœur. Il lui donna tour à tour pour lieutenants-généraux le *baron de Navailles* et *Armand de Gontaut*.

Il vint la visiter rarement, mais parcourut tous les districts de sa vicomté de Béarn. *Marguerite de Valois* l'accompagna une seule fois à *Pau, en 1579*, et n'y voulut jamais revenir : elle avait à peine pu y obtenir une messe dans une petite chapelle et elle eut la douleur de voir chasser et maltraiter ses coreligionnaires, avides de profiter d'un office dont ils étaient privés depuis longtemps.

Henri revint seul à *Pau, en 1581*, pour prêter serment de fidélité aux fors de son pays. La cérémonie eut lieu dans la *grande salle du château*, devant les *États du Béarn et de la Navarre* ; la tête nue et la main droite levée, Henri jura, *au nom du Dieu vivant*, d'être bon et fidèle seigneur, de *juger droitement le pauvre comme le riche*. Les *États* prêtèrent à genoux le même serment.

Henri fit encore deux courtes apparitions à *Pau en 1583* et *1584*. C'est là d'ailleurs qu'il reçut la visite du *duc d'Epernon*, chargé de venir lui proposer l'alliance du *roi de France*.

Après quelques hésitations, le traité fut signé le 1er avril 1589. Le 18 août suivant, *Henri III* était assassiné, au moment où les deux rois se préparaient à donner l'assaut aux *Parisiens*. Avant de mourir, l recommanda à ses gens de se ranger sous la bannière du *roi de Navarre*, qu'il proclama son successeur ; en l'embrassant il lui dit : « *Soyez certain que vous ne deviendrez jamais roi, si vous ne vous faites catholique.* »

Henri de Béarn et de Navarre (**Lou nouste Hanric**) devint roi de France, à force de patience, de courage, d'énergie, d'habileté et de promesses, grâce à plusieurs victoires éclatantes et décisives (*Arques* et *Ivry*) et après avoir abjuré le protestantisme, à *Saint Denis*, devant l'*archevêque de Bourges* (23 juillet 1593).

Il ne fit son entrée dans *Paris* que le 21 juillet 1594.

Il rétablit bien vite la paix dans tout le royaume et rendit l'*Édit de Nantes (1598)*, qui accordait aux protestants le droit de pratiquer librement leur religion. Le Béarn fut toujours l'objet de ses plus vives affections : il était fier et heureux d'y avoir rétabli l'ordre. Il maintint les ordonnances ecclésiastiques de sa mère « *parce que telle était sa volonté consignée dans son testament* »; mais il révoqua les règlements qui excluaient les catholiques de tous les emplois et il rétablit les évêchés de Lescar et d'Oloron, sur la demande expresse du pape.

En 1592, *Henri* avait appelé auprès de lui la *régente de Navarre*. Les *Béarnais* la virent partir avec de grands regrets et elle les quitta bien affligée. *Catherine* épousa à l'âge de 39 ans le *duc Henri de Bar*, prince de Lorraine. Elle avait été fiancée dès sa naissance à *François d'Alençon*, fils de *Henri II* de France et fut très recherchée plus tard par *Henri III*, à son retour de *Pologne*, puis par le *duc de Soissons*, qu'elle faillit épouser ; mais son frère, brouillé à mort avec lui, s'y opposa de toutes ses forces. Elle mourut à l'âge de 44 ans.

En 1599, **Henri IV** divorça avec **Marguerite de Valois**, dont il n'avait pas d'enfant ; ils alléguèrent leur degré de parenté. *Henri* épousa en 1600 **Marie de Médicis**, dont il eut trois fils et deux filles. Il mourut à *Paris* le 14 mai 1610, assassiné par le misérable *Ravaillac*. L'histoire rapporte que le jour de sa mort le tonnerre brisa les *armes royales* sur la *porte du château de Pau*.

Henri IV fut un *vrai Béarnais*, selon la prédiction de son *aïeul*. Intelligent, fin et spirituel, il avait l'esprit vif, la repartie prompte, la raillerie facile, mais agréable, le ton amical; compagnon jovial, affable et franc, il était ami sincère, mais rarement désintéressé.

Son éducation première l'avait doué d'un courage et d'une persévérance à toute épreuve, après avoir trempé son corps et ses muscles, rompus à toutes les fatigues et aux plus grandes privations.

Vaillant, fort et impétueux dans la guerre, il était sage, prudent et avisé dans les affaires, où il fit toujours preuve d'un grand tact. Il se garda bien, par exemple, de jamais réunir la *Navarre et le Béarn* à la France; il les confondait cependant dans son cœur d'excellent roi, mais il savait quelle gloire c'était pour les *Béarnais* d'être *enfants du Béarn* et comme il était facile de les blesser en cet endroit sensible.

La France est glorieuse de l'avoir eu pour roi, le Béarn s'enorgueillit de l'avoir enfanté.

LECTURES

1° Jeunesse de Henri IV ;

2° Paroles du baron d'Arros à son fils, lieutenant-général du Béarn.

12e LEÇON

LOUIS XIII (1610-1620). — ANNEXION. — CONCLUSION

RÉSUMÉ. — 1. Les *troubles religieux* recommencèrent en *Béarn* dès la mort de Henri IV, malgré la *confirmation de l'Édit de Nantes*. — 2. *Louis XIII* résolut de se rendre en personne à *Pau*, sa nouvelle capitale. — 3. Il resta quelques jours à peine dans notre pays, mais il rétablit partout le *culte catholique et réunit définitivement la Navarre et le Béarn* à la couronne. — 4. Après son départ, de *nouvelles révoltes éclatèrent*, mais elles furent bientôt réprimées. — 5. La paix régna dès lors en Béarn, qui fut gouverné par des *intendants* jusqu'en 1790. — 6. L'histoire du *vieux Béarn indépendant* est remplie d'enseignements curieux : noble et belle entre toutes, elle tient une place honorable dans l'histoire du monde civilisé ; *les nouvelles générations ont le droit d'en être fières, mais aussi le devoir de la connaître.*

LEÇON

Les troubles religieux, un instant apaisés, recommencèrent après la *mort d'Henri IV ;* mais la religion catholique fit très rapidement de nombreuses conquêtes partout en France et en Béarn particulièrement.

Cependant, l'*Édit de Nantes* fut confirmé en *Conseil de Régence ;* mais, en 1619, un décret du *Conseil d'État* ordonna le *rétablissement de la religion catholique en Béarn et la restitution des biens du clergé ;* des indemnités devaient être accordées à leurs possesseurs.

Les *États de Béarn* refusèrent d'enregistrer cette *ordonnance*, sous l'inspiration du conseiller *Paul de Lescun*, qui fut délégué auprès du roi. **Louis XIII**, irrité de leur résistance à de nouveaux ordres d'enregistrement, entreprit un voyage en Béarn.

Le marquis de La Force, gouverneur de Navarre, et le *premier président du Conseil souverain du*

Béarn, allèrent au-devant de lui à *Bordeaux* pour l'empêcher d'arriver jusqu'en ce pays *si sauvage*.

Le roi hésita d'abord et s'arrêta pendant dix jours, non loin de *Bordeaux;* mais un de ses envoyés ayant été mal reçu à *Pau*, il continua sa route le 10 octobre 1620, n'écoutant plus ni les promesses, ni les menaces des conseillers envoyés auprès de lui. Il coucha à *Roquefort*, puis à *Grenade* (Landes) et arriva à *Arzacq* le 14 octobre. Une *nouvelle députation béarnaise* vint le trouver dans cette bourgade : elle était chargée de prendre ses ordres pour régler la cérémonie de son entrée dans la *capitale du Béarn*. Le roi répondit : « Qu'il entrerait à *Pau comme souverain du Béarn*, s'il y avait une église pour aller y descendre; s'il n'y en avait pas, il ne voulait ni cérémonie, ni parole pour ce qu'il lui serait malséant de recevoir des honneurs en un lieu où il n'avait jamais été, avant d'avoir rendu grâce à Dieu, duquel il tenait son héritage. » (MAZURE.)

Le jeudi 15 octobre, **Louis XIII** entra à *Pau* sans pompe : l'accueil de la population béarnaise, si courtoise, fut glacial. Il reçut au *château les autorités de la vicomté*, ainsi que les *ministres des deux cultes*. Le 18, il assista à une messe à *Navarrenx*, qui n'en avait pas célébré depuis cinquante ans et il changea son vieux gouverneur.

Le 19, il reçut à *Pau* le serment de fidélité des *États de Béarn*, mais il jura lui-même, au nom du *Dieu vivant*, d'observer *les Fors, coutumes et libertés du pays*. Le 20, l'église *St-Martin* fut rouverte au culte catholique : elle était occupée depuis 60 ans par les calvinistes. Le roi assista à une procession solennelle dans les rues de la ville et au sermon d'un prédicateur catholique qui, tout en annonçant le rétablissement de l'ancien culte en Béarn, assura les protestants des plus *tolérantes dispositions du roi* à leur égard.

Louis XIII rendit plusieurs édits durant son court séjour à Pau : 1° Il rétablit les évêques au Conseil du pays ; 2° Il *réunit définitivement le Béarn, la Navarre et le pays d'Andorre à la couronne de France,* malgré les nouvelles protestations des Béarnais ; 3° Il ordonna la réunion des *cours de Pau et de St-Palais* en un seul *parlement,* siégeant à *Pau* et jouissant des droits de tous les parlements du royaume ; 4° Il établit à Pau un *collège de jésuites* qui devint très florissant et auquel il accorda un revenu annuel de 12.000 livres. La ville de Pau a longtemps possédé une *Académie* et une *Faculté de droit.*

Louis XIII quitta le Béarn le 21 octobre et revint à Paris en passant à Bordeaux.

Aussitôt après son départ, le chef obstiné de la résistance, *Paul de Lescun,* rentra en Béarn, d'où il avait été chassé et chercha à s'emparer de *Navarrenx.* Sa conspiration fut découverte et ses amis furent décapités. *Lescun* ne se rebuta pas et déclara une guerre à outrance à l'autorité royale, dans une assemblée des réformés à *La Rochelle,* dont il fut élu président (28 novembre 1621). Sous son inspiration, les protestants se rendirent maîtres des *tours de Mongiscard* et un instant même du *Béarn,* mais ils furent battus par le *seigneur de Poyanne,* gouverneur de Navarrenx. Le *marquis de La Force*, gouverneur révoqué de Navarre et de Béarn, fut obligé de se réfugier à *Montauban*. Sa forteresse de *Montaner* fut à peu près complètement détruite; mais il fut lui-même nommé *maréchal*, après sa conversion et sa soumission.

Lescun *fut pris*, se rendant à Clarac, mis à la question, traîné sur la claie et supplicié à *Bordeaux* comme *régicide*. Dès lors, les désordres cessèrent en Béarn, où le clergé catholique se montrait d'ailleurs très prudent; notre pays reprit bien vite sa tranquillité d'autrefois et revint petit à petit à sa religion première.

CONCLUSION

Depuis *1620, le Béarn* n'eut plus *d'histoire propre :* il perdit sa *nationalité avec son indépendance et son autonomie.*

Il fut administré jusqu'en 1790 par des *gouverneurs et des intendants*, peu soucieux pour la plupart des intérêts et du bien-être de leurs administrés; un seul mérite réellement d'être mentionné pour son administration éclairée et pour le zèle qu'il apporta à la création des routes dans notre pays : c'est le *baron d'Etigny*.

Pau fut leur résidence habituelle et celle du *parlement de Navarre.*

Après bien des hésitations, les *États de Béarn et de Navarre* envoyèrent des députés à l'*Assemblée*

Nationale en 1789 ; mais ceux-ci avaient pour mission de réclamer encore et toujours *leur indépendance* et de ne se présenter à l'Assemblée qu'*après avoir fait accepter leurs réserves sur leur réunion à la France.* Ils ne prirent aucune part à ses travaux et se bornèrent au rôle de simples témoins. Ils quittèrent Paris, après la nuit du 4 août, non sans avoir déposé entre les mains du roi le *Cahier de leurs griefs et doléances,* qui n'était pas en retard sur celui des autres provinces. — « *Laissons la France,* disaient-ils, *et soyons Béarnais.* »

En résumé, l'*histoire du Béarn* est une des *plus belles et des plus curieuses* dont un peuple puisse s'honorer et s'enorgueillir. Ses *souverains,* preux chevaliers, hommes dignes, bons administrateurs, l'ont fait *briller dans le monde* et lui ont procuré au dedans la *paix et le bonheur ;* ses *habitants* ont toujours su faire respecter *leurs droits naturels et leurs libertés,* mais ils ont constamment fait preuve d'un grand attachement et d'un noble dévouement envers leurs princes *tolérants, sages et humains.*

Bons Béarnais, « féaux et courtois »; comme nos devanciers, nous avons le droit d'être fiers de les avoir eus pour ancêtres ; mais cela nous impose le devoir de connaître leur vie au dedans, leur conduite au dehors, *pour corriger en nous les défauts inhérents* à leur race et *améliorer les vertus* qu'ils nous ont transmises en héritage.

LEXIQUE

Alaon : dans le diocèse d'Urgel, en Catalogne.

Albe (duc d') : général espagnol, célèbre par ses cruautés dans les Pays-Bas.

Anarchie : désordre causé par le manque d'autorité.

Andalousie, Grenade, Murcie, Valence : provinces du Sud de l'Espagne, royaume des Maures.

Antioche : Ville du Nord de la Syrie.

Antonins : série de sept empereurs romains, qui régnèrent entre 96 et 192.

Aranjuel ou **Aranjuez** : ville sur le Tage, entre Madrid et Tolède, aujourd'hui résidence royale.

Ascalon : port de mer au Sud de la Palestine.

Asturies : province du Nord de l'Espagne.

Aure (vallée d') : Belle vallée des Hautes-Pyrénées.

Bréviaire : abrégé (brève), ou résumé substantiel.

Buch (Captal de) : seigneur important de Gascogne.

Carthagène : port sur la Méditerranée dans la province de Murcie (Espagne.)

Castille : contrée du centre de l'Espagne, comprend douze provinces (vieille et nouvelle Castille).

Cène : communion des protestants.

Conciles : réunion d'hommes d'église éminents, pour traiter des questions importantes de la religion.

Escorte : troupe armée, destinée à protéger.

Fraga : sur la frontière de l'Aragon et de la Catalogne, non loin de Lérida.

Froissart : chroniqueur français, historien de Gaston Phébus.

Immunités : exemptions de charges, d'impôts.

Jaca : ville d'Aragon ; lieu de pèlerinage.

Jurats : magistrats municipaux, officiers de justice et de police ; barons de la cour majour.

Légat : ambassadeur du pape, cardinal chargé d'une mission spéciale.

Lérida : ville de la Catalogne.

Licence : excès de liberté.

Mégalithiques (pierres) : attribuées aux Gaulois ou Gaëls.

Métropole : État, ville mère, siège du gouvernement ; ville possédant un archevêque.

Miramon, Nébouzan : pays situés aux confins des Hautes-Pyrénées et de la Haute-Garonne.

Nérac : ville du Lot-et-Garonne ; Jeanne d'Albret et surtout Henri de Navarre y tinrent en général leur cour.

Nicée : ville de l'Asie-Mineure, non loin de Constantinople, aujourd'hui Isnik.

Novempopulanie : province romaine, située entre la Garonne, les Pyrénées et l'Océan : elle comprenait *neuf peuples* et douze cités.

Orthodoxes (chrétiens) : qui pratiquaient la vraie religion du Christ.

Otages : personnes en gage, prisonniers en garantie d'une promesse ou d'un traité.

Schisme (grand) : division dans l'église catholique, entre 1378 et 1449, durant laquelle il y eut plusieurs papes à la fois.

Septimanie : partie méridionale de la Gaule, comprenant *sept peuples ;* elle occupait à peu près la place des Pyrénées-Orientales, de l'Aube, de l'Hérault et du Gard.

Séville : ville du Sud de l'Espagne, sur le Guadalquivir.

Tarente : ville du Sud de l'Italie, au fond du Golfe de Tarente.

Tarragone : port sur la Méditerranée en Catalogne ; nom d'une province espagnole.

Transtamarre (Henri de) : maintenu par Du Guesclin sur le trône de Castille, contre son frère rival, Pierre le Cruel.

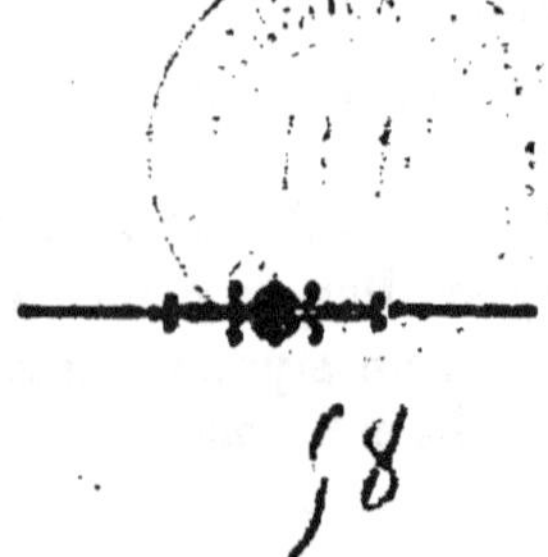

www.ingramcontent.com/pod-product-compliance
Lightning Source LLC
LaVergne TN
LVHW010038230826
846091LV00005B/1754

* 9 7 8 2 0 1 3 4 0 5 5 9 1 *